Biftek Sanatı

Izgara Oyununuzu Yükseltecek
100 Ağız Sulandıran Tarif

Nisanur Utku

Telif hakkı Materyal ©2023

Her hakkı saklıdır

Bu kitabın hiçbir bölümü, bir incelemede kullanılan kısa alıntılar dışında, yayıncının ve telif hakkı sahibinin uygun yazılı izni olmaksızın hiçbir biçimde veya yöntemle kullanılamaz veya aktarılamaz. Bu kitap, tıbbi, yasal veya diğer profesyonel tavsiyelerin yerine geçemez.

İÇİNDEKİLER

İÇİNDEKİLER 3

GİRİİŞ 8

KOBE/WAGYU Biftek 9
  1. Kobe (Waygu) Biftek 10
  2. Sarımsaklı Tereyağlı Wagyu Sığır Eti 13
  3. Füme Wagyu Biftek 15
  4. Wagyu Burger 17
  5. Wagyu Köfte 19

T-KEMİKLİ BİFTEK 22
  6. Sous Vide Marine T Kemikli Biftek 23
  7. T-bone Tostada Salatası 25
  8. Izgara kemikli biftek 27

BONFİLE 29
  9. Mikro yeşillikler üzerinde dana bonfile 30
  10. Çin Biberli Biftek 32
  11. Kabak Eriştesi ile Pho 34
  12. Brokoli ve havuçlu dana eti 39
  13. Fırında Sığır Eti Tagliata 41
  14. Sous Vide Sığır Stroganofu 43
  15. Sous Vide Dana Döner 45
  16. Temel kurutulmuş sığır eti 47
  17. Miso-yoğurtlu kurutulmuş dana eti 49

BİFTEK 51
  18. Havada Kızartılmış But Biftek 52
  19. Fransız Kızarmış Sığır Eti 54

20. Hollandalı Fırında İtalyan Kızartma 56
21. Hollandalı Fırında Kızartma 58
22. Mangalda Geyik Eti 60
23. Fesleğen, dana eti ve karabiber köri 62
24. Güney Afrika kurutulmuş eti 65
25. Kızarmış Biftek ve Yorkshire Pudingi 67
26. Dana straganof krepleri 69
27. Sous vide biftek 71
28. Ciabatta ile à la biftek 73

ÜÇ İPUCU 75

29. Sous Vide Barbekü Üçlü İpucu 76
30. Izgara burbon üçlüsü 78
31. Üçlü rosto 80

Kaburga Gözü 82

32. Karabiber Soslu Kaburga Biftekleri 83
33. Pirinç ve Dana Erişte Çorbası 86
34. Siyah ve Mavi Biftek Burger 88
35. Tavada Kaburga Göz Biftek 90
36. Kimyon-Kireç Bifteği 93
37. Porcini ile ovuşturulmuş biftekler 95
38. Çıtır susamlı dana eti 97
39. Havada Kızartılmış Philly Cheesesteaks 100
40. Soğanlı Otlu Kavrulmuş Sığır Eti İpuçları 102

ETEK-BİFTE 104

41. Bir çubuk üzerinde biberli biftek 105
42. Biftek fajitaları 107
43. Sığır Eti ve Brokoli 109
44. Sığır suyu 112
45. Gatsby 115

46. Dana lok lak 118

NEW YORK ŞERİT Biftek 121

47. Tekila Barbekü dana biftek 122
48. Sous Vide Klasik New York Strip Steak 124
49. Ananas Soslu Rum Baharatlı Biftek 126
50. Limonlu biftek 128
51. Tavada kızartılmış mantarlı new york striptiz bifteği 130
52. New York şerit bifteği 132
53. Sarımsaklı badem soslu biftek 134

YUVARLAK BİFTEK 137

54. Fırında Yuvarlak Biftek 138
55. Çin Biber Biftek 140
56. Crockpot İsviçre Bifteği 142
57. Brokoli veya Karnabahar Pilavlı Sığır Eti 144
58. Klasik Kızarmış Sığır Eti 146

DANA BONFİLE 149

59. Bernaise Soslu Dana Bonfile 150
60. İrmik ve Grillades 152
61. Dana teriyaki 154
62. Karabiber Dana Tavada Kızartma 156
63. Arpacık Soğanlı Dana Bonfile 159
64. Izgara dana prosciutto salatası 161

DÜZ DEMİR Biftek 164

65. Domatesli Izgara Flatiron Biftek 165
66. Carnitas Tarzı Izgara Sığır Tacos 167
67. Susamlı Sığır Eti 170
68. Balzamik Biberiye Yassı Demir Biftek 173
69. Tavada Kızartılmış Yassı Demir Biftek 176

FLANK-STEAK/BAVETTE 178

    70. Izgara andouille sosis ruloları 179
    71. Dana Bulgogi 182
    72. Kore-Amerikan Marine Edilmiş Kanat Biftek 184
    73. Tavada Izgara Biftek 186
    74. Sırlı Yan Biftek 188
    75. Sous Vide Moğol Sığır Eti 191
    76. Domates ve Dana Tavada Kızartma 193
    77. Moğol Sığır Eti 196
    78. Kereviz ve Havuçlu Sichuan Sığır Eti 199
    79. Turunçlu Turunçlu Et Turşusu 202
    80. Yan Biftek Fırıldak 204
    81. Kanat Biftek Sarılmış Kuşkonmaz 206
    82. Jack Daniels Kurutulmuş Sığır Eti 208
    83. Sığır Lo Mein 210
    84. Pembe Soğan Turşusu ve Pico de Gallo ile Steak Tacos 212

İSKOÇ filetosu 215

    85. Kore-Amerikan Bifteği 216
    86. Kurutulmuş Kekikli Scotch Fileto Biftek 218
    87. Mükemmel İskoç Filetosu 221

ASKI Biftek 223

    88. Sous Vide Askı Biftek 224
    89. Kırmızı Şarap-Arpacık Arpacık Soslu Askı Biftek 226
    90. Izgara marine edilmiş askı biftek bulgogi usulü 229
    91. Kasap Biftek (Askı Biftek) 232

PORTERHOUSE Biftek 234

    92. Tereyağlı Porterhouse 235
    93. Porterhouse bifteği ve İtalyan sebzeleri 238

94. Izgara çift porterhouse biftek 240
95. Doldurulmuş biftek 242

İNCİK 244

96. Erik ve Pırasa ile Yavaş Pişmiş Dana 245
97. Osso buco con risotto 248
98. Osso buco alla milanese 250
99. Gremolata ile Osso buco 253
100. Dana incik osso buco 256

SONUÇ 259

GİRİİŞ

Her seferinde mükemmel etler pişirmek için nihai kılavuzumuzla sulu, yumuşak bifteklerin tadını çıkarın. Yemek kitabımız, damak tadınıza hitap edecek 100 nefis biftek tarifi içeriyor. Klasik sığır filetosundan leziz fileto mignona kadar her duruma, mevsime ve tat tercihine uygun tariflerle karşınızdayız.

Uygulaması kolay tariflerimize, ağzınızı sulandıracak çarpıcı, rengarenk fotoğraflar eşlik ediyor. Mükemmel kavrulmuş ve ağzınızda eriyen dokuyu elde etmek için doğru et kesimini, çeşnilendirmeyi, marine etmeyi ve pişirme tekniklerini seçmek için ipuçları ve püf noktaları sunuyoruz.

Bifteğinizi az pişmiş, orta veya iyi pişmiş olarak tercih edin, yemek kitabımızda herkes için bir şeyler var. Bir sonraki arka bahçe barbekünüzde veya özel bir gününüzde şovu durduran biftek yemeklerimizden biriyle misafirlerinizi etkileyin!

KOBE/WAGYU Biftek

1. Kobe (Waygu) Biftek

Yapar: 2 porsiyon

İÇİNDEKİLER:
- 1 16 ons Kobe/Waygu New York Strip (kişi başı ½ servis yapın)
- 6 – 7 adet büyük kral trompet mantarı
- 3 yemek kaşığı tereyağı
- 1 dal biberiye
- Kobe bifteği

TALIMATLAR:

a) Bifteği pişirmeden yaklaşık bir saat önce buzdolabından çıkardığınızdan emin olun.

b) Pişirmeden yaklaşık 20 dakika önce her iki tarafını da tuz ve karabiberle tatlandırın ve fırınınızı 450 dereceye ısıtın.

c) Bifteğe başlamadan 10 dakika önce mantarları pişirmeye başlayın.

d) Orta-yüksek ateşte bir sote tavasını sıcaklığa getirirken onları uzunlamasına ikiye bölmeyi seviyorum (ama onları küp küp doğrayabilirsiniz).

e) Tavayı zeytinyağı ile kaplayın ve mantarları atın. Tuz ve karabiber serpin ve mantarları kaplamak için birkaç kez atın.

f) Mantarların bir tarafı kızarana kadar pişmesine izin verin ve ardından diğer tarafını da kahverengileştirmek için ters çevirin.

g) Biftek için ayrı, kalın tabanlı bir tavayı yüksek ateşe koyun ve tütmeye başlayana kadar ısıtın.

h) İnce bir tabaka zeytinyağı ile kaplayın ve kobe bifteğinin içine koyun. Isıyı orta-yüksek seviyeye getirin ve kalınlığa bağlı olarak yaklaşık 3-4 dakika kavurmasına izin verin.

i) Pişmişse kısık ateşte çevirerek kenarda bekletebileceğiniz mantarları tekrar kontrol edin.

j) Bifteği ters çevirin (bu ilk dönüş, daha önce karıştırmayın), diğer tarafı da kızartın ve tavaya tereyağı ve biberiye eklenmiş olarak önceden ısıtılmış fırına gönderin.

k) Fırında yaklaşık 3 dakika pişmesine izin verin ve ardından tekrar ocak üstüne alın.

l) Eritilmiş tereyağı bir tarafta toplanacak şekilde tavayı eğin ve bifteğin üzerine gezdirmek için bir kaşık kullanın. 5 – 8 kez tekrarlayın ve ardından bifteği dinlenmesi için bir tutma kabına alın.

m) 3 – 5 dakika sonra (yine bifteğin kalınlığına göre) et servise hazırdır. Ya ikiye bölün ve iki porsiyon servis yapın ya da yarım inçlik dilimler halinde kesin ve ılık bir tabakta havalandırarak servis yapın.

n) Sotelenmiş mantarlarla süsleyin ve tavadan biraz daha biberiye yağı gezdirin.

2. Sarımsaklı Tereyağı Wagyu Sığır Eti

Yapar: 1 Biftek

İÇİNDEKİLER:
- 1/2 lb American Wagyu Chuck Eye Roll Steak yaklaşık 1 inç kalınlığında
- Tuz
- öğütülmüş karabiber
- 1 yemek kaşığı bitkisel yağ
- Sarımsak yağı
- 1/2 yemek kaşığı tuzlu tereyağı
- 1 diş kıyılmış sarımsak
- 1 yemek kaşığı kıyılmış maydanoz

TALIMATLAR:
a) Bifteği kağıt havluyla kurulayın. Bifteği her iki tarafına tuz ve karabiber serpin. Kenara koyun.

b) Sarımsaklı Tereyağı, tuzlanmış tereyağı, kıyılmış sarımsak ve kıyılmış maydanozu bir kasede birleştirerek hazırlayın. İyice birleştirin ve kullanmadan önce soğutun.

c) Dökme demir tavayı yüksek ateşte dumanı tütene kadar ısıtın, ardından yağı ekleyin. Terbiyeli bifteği tavaya aktarın ve bir tarafını 2 dakika tavada kızartın (dönmeyin). Diğer tarafa çevirmeden önce, bifteğin yağlı kenarını kahverengileşip aromatik hale gelene kadar kavurun.

d) Ardından bifteği ters çevirin ve diğer tarafını 2 dakika tavada kızartın. (Biftekinin kalınlığına göre her iki tarafını 1-2 dakika daha pişirin.) Biftekleri servis tabağına alın.

e) Bifteğin üzerine bir parça sarımsaklı tereyağı ekleyin ve yayın.

f) Hemen servis yapın.

3. [Füme Wagyu Biftek](#)

Yapar: 1 biftek

İÇİNDEKİLER:
- 16 Ons A5 Wagyu Ribeye
- Tatlandırmak için iri deniz tuzu

TALIMATLAR:

a) Sigara içen kişiyi 225 dereceye kadar önceden ısıtın. Biftekteki yağın küçük bir kısmını kesin ve bir kenara koyun (yaklaşık 2 yemek kaşığı değerinde).

b) Bifteğin her iki tarafını bolca tuzlayın.

c) Bifteği sigara içen kişinin üzerine koyun ve bir et termometresi yerleştirin. 115 derecelik bir iç sıcaklığa kadar duman. Bu yaklaşık 30 dakika sürdü, ancak değişiklik gösterebilir.

d) Biftek iç sıcaklık hedefine yaklaştığında, bir dökme demir tavayı yüksek ısıya ısıtın. Tavayı yağlamak için biftekten ayırdığınız yağı kullanın.

e) Biftek sigara içen içinde biter bitmez tavaya koyun.

f) Her iki tarafını da 1-2 dakika kızartın.

g) Bifteği 5-10 dakika soğumaya bırakın ve tadını çıkarın!

4. Wagyu Burger

Yapar: 4

İÇİNDEKİLER
- 1 lb Wagyu sığır eti burger Amerikan wagyu sığır eti
- Marul (İsteğe bağlı)
- Domates (İsteğe bağlı)
- Soğan (İsteğe bağlı)
- Ketçap (İsteğe bağlı)
- Hardal (İsteğe bağlı)

TALİMATLAR
a) Burgeri 2 ila 4 wagyu burger köftesine bölün.
b) Tavayı veya ızgarayı orta-yüksek ısıya ısıtın.
c) Her bir wagyu burgerini tavaya yerleştirin. Bir tutam tuzla tatlandırın.
d) Alt kısmı karamelize kahverengi bir kabuk oluşana kadar burgerleri hareket ettirmeyin veya çevirmeyin.
e) İlk tarafta istenen sıcaklığa kadar pişirin.
f) Her bir wagyu burgerini çevirin ve ikinci tarafı istenen sıcaklığa kadar pişirin.

5. Wagyu Köfte

Yapar: 8

İÇİNDEKİLER
- 1 kiloluk Wagyu sığır eti
- 1 pound domuz yağsız, öğütülmüş
- 1 orta boy sarı soğan kaba doğranmış
- tatmak için koşer tuzu
- tatmak için karabiber
- tatmak için sarımsak tozu
- 6 dilim küçük küp doğranmış beyaz ekmek
- 1/2 su bardağı süt
- 2 büyük yumurta
- 3 yemek kaşığı sarı hardal bölünmüş
- 1/2 su bardağı bölünmüş ketçap
- 3 yemek kaşığı esmer şeker açık veya koyu

TALİMATLAR
a) Fırını 350 ° F'ye ısıtın. 9 x 5 inçlik yapışmaz bir somun tavasını lavaboya yerleştirin ve pişirme spreyi ile iyice püskürtün.
Alüminyum folyo ile kaplayarak bir fırın tepsisi hazırlayın. İkisini de kenara koyun.
b) Küçük bir kapta, 1 çorba kaşığı sarı hardalı 1/4 su bardağı ketçap ve tüm kahverengi şekerle karıştırın.
c) Büyük bir karıştırma kabında, ellerinizi kullanarak ve ilerledikçe karıştırarak wagyu'yu ve öğütülmüş domuz etini parçalayın.
Doğranmış soğan, Kosher tuzu, karabiber, sarımsak tozu, kalan sarı hardal, kalan ketçap, yumurta, kuşbaşı ekmek ve sütü ekleyin. Yine ellerinizi kullanın ve çok iyi karıştırın.
d) Et karışımını hazırlanan somun tavasına gevşek bir şekilde koyun, sadece tavayı doldurduğunuzda aşağı doğru bastırın.
Hazırladığınız muhallebiyi her tarafına ve köşelerine gelecek şekilde köftelerin üzerine dökün.

e) Dökülme ihtimaline karşı somun tepsisini folyo kaplı fırın tepsisine yerleştirin. Somun, fırınınıza bağlı olarak yaklaşık 1 saat ila 1 1/2 saat arasında, anında okunan bir termometre ile 165 ° F'yi kaydedene kadar pişirin.

f) Metal çok sıcak olacağından fırın eldiveni kullanarak parçayı çok dikkatli bir şekilde çıkarın. Bir servis tabağına yavaşça kaydırmadan önce somunun süzülmesine izin verin. Dilimlemeden önce köfteyi 5 dakika dinlendirin.

T-KEMİKLİ BİFTEK

6. Sous Vide Marine T Kemikli Biftekler

Yapar: 4

İÇİNDEKİLER:

- 4 T kemikli biftek
- 2 su bardağı bitkisel yağ
- 1 su bardağı soya sosu
- 1 su bardağı Worcestershire sosu
- ½ su bardağı ananas suyu
- 2 yemek kaşığı granül sarımsak
- 2 yemek kaşığı taze çekilmiş karabiber
- 2 yemek kaşığı kuru hardal

TALIMATLAR:

a) Yağ, soya sosu, Worcestershire sosu, ananas suyu, sarımsak, biber ve hardalı bir kasede birleştirin ve 6 saat buzdolabında bekletin.

b) Her bir bifteği vakumlu bir torbaya koyun ve biraz turşunun içine dökün. Torbaları kapatın ve bir saat buzdolabına koyun.

c) Anova'nızı orta az pişmiş için 125F/51.6C'ye veya orta boy biftekler için 135F/57.2C'ye ayarlayın.

d) Torbaları su banyosuna daldırın ve en az 1 saat, en fazla 3 saat pişirin.

e) Biftekler neredeyse bittiğinde, ocakta bir dökme demir tavayı yüksek ateşte duman çıkana kadar ısıtın.

f) Biftekleri poşetten çıkarın ve koyu bir sararma oluşana kadar her yüzünü 3 dakika kızartın.

7. T-bone Tostada Salatası

İÇİNDEKİLER:

- 8 turp, çok ince dilimlenmiş
- 1 jalapeño, çok ince dilimlenmiş
- ½ küçük kırmızı soğan, ince dilimlenmiş
- 2 yemek kaşığı sızma zeytinyağı
- 1 yemek kaşığı taze limon suyu
- Kaşar tuzu ve taze çekilmiş karabiber
- Kızarmış Tostada Kabukları veya 8 mağazadan satın alınmış tostada
- ½ su bardağı ekşi krema
- 5 su bardağı ince kıyılmış iceberg marul
- Baharat Sürmeli T Kemikli Biftekler, ince dilimlenmiş
- 1/4 su bardağı kişniş yaprağı
- Kireç dilimleri, servis için

TALIMATLAR:

a) Orta boy bir kapta turpları jalapeño, kırmızı soğan, zeytinyağı ve limon suyu ile karıştırın ve tuz ve karabiber ekleyin.

b) Tostada kabuklarını tabaklara koyun ve üzerine ekşi kremayı kaşıklayın.

c) Buzdağı marul ve dilimlenmiş biftekle kaplayın. Turp salatasını bifteğin üzerine dökün ve kişniş yapraklarını serpin.

d) Kireç dilimleri ile servis yapın.

8. Izgara t bone steak

Yapar: 1 Porsiyon

İÇİNDEKİLER:
2 sığır filetosu biftek (1\" Kalın)
½ su bardağı Soya sosu
¼ fincan sek beyaz şarap
⅛ çay kaşığı Sarımsak tozu
2 yemek kaşığı şeker
½ çay kaşığı zencefil
¼ çay kaşığı Kuru hardal
¼ Çay kaşığı soğan tozu

Biftekleri sığ tavaya yerleştirin. Kalan MALZEMELERİ birleştirin:; bifteklerin üzerine dökün ve 20 dakika marine edin. Eti çıkarın ve kömürden 6" ızgaraya yerleştirin; arzu edilen pişene kadar pişirin, marine ile fırçalayın.

BONFİLE

9. Microgreens üzerinde sığır filetosu biftek

Yapar: 2

İÇİNDEKİLER:
- 1 üçlü Karışık Mikro Yeşillik – frenk soğanı, pembe turp ve karışık hardal
- 1 küçük taş marul, tabanı alınmış, yaprakları ayrılmış ve yıkanmış
- 2 bonfile
- 2 yemek kaşığı zeytinyağı
- 1 yemek kaşığı balzamik sirke
- Bir tutam karabiber ve tuz

TALIMATLAR:
a) Biftekleri tuz ve taze çekilmiş karabiberle tatlandırın.
b) Biftekleri ızgara tavasında yüksek ateşte her iki tarafını 3-4 dakika pişirin.
c) Bu arada salatayı hazırlayın. Gem marul yapraklarını bir kaseye koyun.
d) Mikro yeşilliklerin üç sepetini kesin ve kasede birlikte atın.
e) Biftekleri zeytinyağı ve balzamik sirke ile gezdirin ve salatanın üzerine servis edin.

10. Çin Biberli Biftek

Yapar: 4

İÇİNDEKİLER:
- 1 pound sığır filetosu biftek, 1 inç dilimler halinde dilimleyin.
- ¼ Bardak Soya Sosu
- 2 Yemek Kaşığı Beyaz Şeker
- 2 Yemek Kaşığı Mısır Nişastası
- ½ Çay Kaşığı Öğütülmüş Zencefil
- 3 Yemek Kaşığı Bitkisel Yağ, Bölünmüş
- 1 Kırmızı Soğan, 1 İnçlik Kareler Halinde Kesilmiş
- 1 Yeşil Dolmalık Biber, 1 İnçlik Kareler Halinde Kesilmiş
- 2 Domates, Dilimlenmiş

TALIMATLAR:
a) Bir kapta mısır nişastası, zencefil, soya sosu ve şekeri ekleyin, birleştirmek için fırlatın.
b) Biftekleri ekleyin ve iyice karıştırın.
c) 1 yemek kaşığı sıvı yağı tavada kızdırın ve biftekleri kızgın yağda güzelce kızarana kadar kızartın.
d) Soğanı ekleyin ve soğan yumuşayana kadar pişmeye bırakın.
e) Yeşil biberi katıp iyice karıştırın.
f) Biberlerin rengi değişmeye başlayınca domatesleri ekleyin ve iyice karıştırın.
g) 3-4 dakika pişirdikten sonra servis tabağına alın.
h) Eğlence.

11. Kabak Eriştesi ile Pho

İÇİNDEKİLER:

- ½ pound üst sığır filetosu biftek
- 4 kabak
- 1-inç parça taze zencefil, dilimlenmiş
- 2 çubuk tarçın
- 1 yemek kaşığı soya sosu (glutensiz bir versiyon için tamari sosu veya hindistancevizi aminosu kullanın)
- 2 yıldız anason
- 3 bütün karanfil
- 4 su bardağı Dana Kemik Suyu
- 1 yemek kaşığı balık sosu

SOSU İÇİN:

- 2 avuç kuru fasulye
- Bitki karışımı (kişniş, fesleğen veya her ikisi)
- 1 jalapeño biber, dilimlenmiş (isteğe bağlı)
- 2 dal yeşil soğan, doğranmış
- Servis için Sriracha, hoisin sosu ve lime dilimleri

TALIMATLAR:

a) Kolay dilimleme için dana bonfileyi 15 dakika dondurucuya koyun.

b) Kabak eriştesi yapmak için spiralleştirici veya jülyen soyucu kullanın. Zoodle'ları iki büyük servis kasesine bölün.

c) Orta boy bir tencerede, tarçın çubukları, yıldız anason ve karanfilleri orta ateşte kokulu olana kadar kavurun. Tavaya kemik suyu, ardından zencefil, soya sosu ve balık sosu ekleyin. Bir kaynamaya getirin ve baharatların et suyuna tamamen nüfuz etmesini sağlamak için 10 dakika pişirin.

d) Sığır eti dondurucudan çıkarın ve ince şeritler halinde dilimleyin. Dana etini ikiye bölün ve servis kaselerindeki zoodlelaran üzerine ekleyin.

e) Et suyu piştikten sonra onu da ikiye bölün ve sıcak suyu servis kaselerine dökün. Sığır eti anında pişmeye başlar ve rengi değişir.

f) Pho'yu fasulye filizi, taze otlar, dilimlenmiş biber ve yeşil soğanla doldurun, Sriracha ve/veya hoisin sosu gezdirin, içine biraz limon suyu sıkın ve höpürdeterek çırpın!

1. Teriyaki biftek kebapları

İÇİNDEKİLER:

- 2 lbs. sığır filetosu biftek, 1 inçlik küpler halinde kesin
- 16 küçük mantar
- 16 çeri domates
- 1 kırmızı biber
- 1 yeşil biber
- 1 büyük kırmızı soğan, 1 inçlik parçalar halinde kesin
- Teriyaki Sos
- 8 adet tahta veya bambu şiş

TALIMATLAR:

a) Biftek küplerini turşunun yarısına koyun, üzerini kapatın ve 30-60 dakika buzdolabında saklayın. Tahta veya bambu şişleri suya batırın. Izgarayı ısıtın, böylece pişmiş kayalar sıcak olsun veya kömürler hazır olsun.

b) Marine edilmiş et ve sebzeleri dönüşümlü olarak iki paralel şiş üzerine geçirin.

c) Birleştirilmiş kebapları kalan turşuya batırın veya fırçalayın, ardından ızgaraya yerleştirin. Yanmayı önlemek için şişin açıkta kalan uçlarının altına bir alüminyum folyo şeridi yerleştirin.

d) Her tarafı 4-5 dakika açık ızgarada pişirin, ardından garnitürlerle servis yapın.

12. Brokoli ve havuç ile sığır eti

Yapar: 5

İÇİNDEKİLER:
- 2 yemek kaşığı hindistan cevizi yağı
- 2 orta boy sarımsak, ezilmiş
- 1 kiloluk dana bonfile, ince şeritler halinde kesilmiş
- 1 havuç, dilimlenmiş
- 2 su bardağı brokoli çiçeği, doğranmış
- Bir tutam tuz
- ¼ su bardağı tavuk suyu
- 2 çay kaşığı taze zencefil, rendelenmiş
- 1 yemek kaşığı öğütülmüş keten tohumu
- ½ çay kaşığı kırmızı biber gevreği, ezilmiş
- ¼ çay kaşığı biber, taze çekilmiş
- 1 orta boy taze soğan, ince dilimlenmiş

TALIMATLAR:

a) Bir tavada 1 çorba kaşığı yağı ısıtın ve sarımsağı yaklaşık 1 dakika soteleyin.

b) Yaklaşık 4-5 dakika veya sığır eti kızarana kadar pişirin.

c) Eti oluklu bir kaşıkla bir kaseye koyun.

d) Et suyu, zencefil, keten tohumu, kırmızı biber gevreği ve karabiberi bir karıştırma kabında birleştirin.

e) Kalan yağı aynı tavada orta ateşte ısıtın.

f) Havuç, brokoli ve zencefil karışımını ekleyin ve yaklaşık 3-4 dakika pişirin.

g) Sığır eti ve taze soğanı ilave edin ve yaklaşık 3-4 dakika soteleyin.

13. Fırında Dana Tagliata

Yapar: 6

İÇİNDEKİLER:
- 3 büyük diş sarımsak, kıyılmış
- 2 çay kaşığı ince kıyılmış taze biberiye
- 1 çay kaşığı kıyılmış taze kekik
- 1 yemek kaşığı deniz tuzu, bölünmüş
- 2 çay kaşığı öğütülmüş karabiber, bölünmüş
- 2 (1 1/2) pound sığır filetosu biftek, yaklaşık 1 1/2-inç kalınlığında
- 1 yemek kaşığı sızma zeytinyağı
- 6 su bardağı gevşekçe paketlenmiş roka
- 2 çay kaşığı sızma zeytinyağı
- 1 çay kaşığı limon suyu
- ¼ limon, dilimlenmiş
- 2 ons Parmesan peyniri, traş

TALIMATLAR:
a) Fırına bir dökme demir tava koyun ve fırını 350 derece F'ye (175 derece C) önceden ısıtın.
b) Küçük bir kasede sarımsak, biberiye, kekik, 1 ½ çay kaşığı tuz ve ½ çay kaşığı biberi karıştırın. Bifteklerin her yerine baharat karışımı sürün.
c) Tavayı ocaktan alıp 1 yemek kaşığı sıvı yağ ekleyin. Biftek ekleyin ve önceden ısıtılmış fırına geri dönün. Bifteklerin her iki tarafı da kızarana kadar pişirin, 10 dakika sonra çevirerek toplamda yaklaşık 20 dakika.
d) Bifteği bir kesme tahtasına aktarın ve 10 dakika dinlendirin; sonra dilimleyin.
e) Rokayı bir tabağa yayın ve üzerine biftek dilimlerini koyun. 2 çay kaşığı zeytinyağı ve limon suyu ile gezdirin ve üzerine Parmesan peyniri ekleyin.

14. Sous Vide Sığır Stroganof

Yapar: 6

İÇİNDEKİLER:
- 1-½ pound sığır filetosu biftek, şeritler halinde kesilmiş
- 2 su bardağı dilimlenmiş beyaz veya Cremini mantarı
- 2 soğan, dilimlenmiş
- 1 diş sarımsak, kıyılmış
- 2 yemek kaşığı tereyağı
- ½ çay kaşığı tuz
- 1-½ su bardağı düşük sodyumlu et suyu
- 1 çay kaşığı Worcestershire sosu
- 1/4 su bardağı un
- 1 su bardağı yağsız ekşi krema
- 3 su bardağı pişmiş yumurtalı erişte

TALIMATLAR:

a) Anova'nızı 150F/65.5C'ye ayarlayın.

b) Orta boy bir tavada soğanları ve mantarları şeffaflaşana kadar pişirin ve ocaktan alın.

c) Sığır etini et suyu, soğan karışımı, Worcestershire sosu, un ve ekşi krema ile vakumlu bir torbaya koyun. Torbayı kapatın ve 1 saat su banyosuna daldırın.

d) Et haşlanırken bir tencerede tuzlu suyu kaynatın ve erişteleri ekleyin.

e) Sığır eti pişirmeyi bitirdiğinde, poşetten çıkarın ve erişte ile karıştırın. Sos kremsi olmalıdır.

15. Sous Vide Dana Döner

Yapar: 4

İÇİNDEKİLER:
- 1 pound sığır filetosu biftek
- 2 yemek kaşığı zeytinyağı
- 2 yemek kaşığı yoğurt
- 1 salatalık, dilimlenmiş
- 2 yemek kaşığı limon suyu
- 2 yemek kaşığı tuz
- 2 yemek kaşığı karabiber
- 4 adet büyük boy pide

TALIMATLAR:

a) Anova'nızı 130F/54C'ye ayarlayın.

b) Eti tuz ve karabiberle ovun ve zeytinyağı ile vakumlu bir torbaya koyun. Torbayı kapatın ve 3 saat su banyosuna koyun.

c) Et pişerken yoğurt, salatalık ve limon suyunu karıştırın.

d) Sığır eti pişirmeyi bitirdiğinde, torbadan çıkarın ve taneye karşı dilimleyin.

e) Her bir pide ekmeğinin üzerine dana etinin 1/4'ünü koyun ve üzerine yoğurt sosu ekleyin. Sarın ve hemen servis yapın.

16. Temel dana sarsıntılı

- 2 pound çok yağsız sığır filetosu veya göğüs biftek
- ¼ fincan koyu kahverengi şeker
- 2 yemek kaşığı koşer tuzu
- 2 yemek kaşığı soya sosu
- 4 diş sarımsak, kıyılmış
- 2 çay kaşığı kırmızı biber gevreği
- nötr yemeklik yağ

TALIMATLAR:

1. Eti taneye karşı mümkün olduğu kadar ince, ⅛ ila ¼ inç kalınlığında dilimleyin.
2. Orta boy bir kapta, kullanılıyorsa, eti şeker, tuz, soya sosu, sarımsak ve pul biber ve karabiber ile atmak için ellerinizi kullanın. Lezzetini artırmak için eti 1 saat marine edin. Eti çıkarın ve turşuyu atın.
3. Fırınınızı en düşük ayarda önceden ısıtın. Bir rafı fırının ortasına ve bir rafı alta yerleştirin. Parşömen kağıdı ile iki fırın tepsisini hizalayın.
4. İki tel soğutma telini hafifçe yağlayın ve bunları fırın tepsisine dizin. Marine edilmiş eti tamamen düz bir şekilde raflara yerleştirin. Parçaların birbirine değmesine izin vermeyin; parçalar arasında hava akışına izin vermek, daha çabuk kurumasına yardımcı olur.
5. Fırın tepsilerini fırına yerleştirin.

17. Miso-yoğurtlu kurutulmuş sığır eti

- 2 pound çok yağsız sığır filetosu veya göğüs biftek
- 1 su bardağı tam yağlı yoğurt
- ½ fincan beyaz miso
- 4 çay kaşığı ince kıyılmış sarımsak
- 2 çay kaşığı ince kıyılmış taze zencefil
- 2 çay kaşığı ince deniz tuzu
- nötr yemeklik yağ

TALIMATLAR:

a) Fırınınızı en düşük ayarda önceden ısıtın. Bir rafı fırının ortasına ve bir rafı alta yerleştirin. Parşömen kağıdı ile iki fırın tepsisini hizalayın.

b) İki tel soğutma telini hafifçe yağlayın ve bunları fırın tepsisine dizin. Marine edilmiş eti tamamen düz bir şekilde raflara yerleştirin. Parçaların birbirine değmesine izin vermeyin; parçalar arasında hava akışına izin vermek, daha çabuk kurumasına yardımcı olur.

c) Fırın tepsilerini fırına yerleştirin. Konveksiyonlu fırınınız yoksa, fırının kapağını tahta kaşık sapıyla sıkıştırarak açın. Fırınınıza, hava durumuna ve etin kalınlığına göre 3 ile 8 saat arasında kurusu pişecektir.

d) 3 saat sonra sarsıntıyı kontrol etmeye başlayın. Bir parça sarsıntıyı bükebildiğiniz zaman hazırdır ve kırılır.

BİFTEK

18. Havada Kızartılmış But Biftek

Yapar: 2

İÇİNDEKİLER:
- · 2 kilo biftek
- · 2 soğan, dilimlenmiş
- · 1 yeşil dolmalık biber, dilimlenmiş
- · Arzuya göre tuz ve karabiber
- · ½ su bardağı parmesan peyniri
- ·4 Hoagies rulosu, gerektiği gibi

TALIMATLAR::
a) Bir Ninja Foodi Dijital Hava Fritöz Fırını alın ve bir ağ tepsisiyle yağlayın.

b) Biftek, dolmalık biber ve soğanı bir kaseye koyun ve tuz ve karabiberle tatlandırın. Ardından bir fırın tepsisine yerleştirin.

c) Ninja Foodi Dijital Hava Fritöz Fırınını 390 °F'de 5 dakika önceden ısıtın.

d) Tepsiyi Fırına koyun ve 350 °F'de 10 dakika pişirin.

e) Bittiğinde, bir hoagie rulosunun üzerine yerleştirin ve rendelenmiş parmesanı üstüne koyun.

f) Servis yapın ve tadını çıkarın.

19. Fransız Kızarmış Sığır Eti

Yapar: 10

İÇİNDEKİLER:
- 2 soğan, dörde bölünmüş
- 1 defne yaprağı
- 4 havuç dörde bölünmüş
- 4 su bardağı su
- 4 bütün karanfil
- 2 şalgam dörde bölünmüş
- 1 diş sarımsak
- 2 kereviz sapı, doğranmış
- Tuz, 1 çay kaşığı
- 3 pound kemiksiz sığır eti veya haddelenmiş but kızartma
- 5 karabiber

TALIMATLAR:
a) Kavrulmuş et, su, tuz, kekik, karanfil, karabiber ve defne yaprağını karıştırın.
b) 2 saat kısık ateşte pişirin.
c) Kalan bileşenleri ekleyin ve 30 dakika daha pişirin.
d) Sığır eti ince dilimleyin ve ardından et suyuyla birlikte sığır eti ve sebzeleri servis edin.

20. Hollandalı Fırın İtalyan Kızartma

- 1 adet but kızartma (4-5 lbs.)
- 2 Havuç, dilimlenmiş
- 1 çk Tuz
- 1 Bütün Soğan
- 2 yemek kaşığı Yemeklik yağ
- 2 bütün karanfil
- 2 cl Sarımsak, kıyılmış
- 1 cn Domates püresi (15 oz.)
- ½ ts Kuru fesleğen
- ½c Su veya kırmızı şarap
- 1 yemek kaşığı Kuru maydanoz gevreği
- ½ts Sığır bulyon granülleri
- ½ ts Biber
- Haşlanmış yumurtalı erişte

a) Kızartmayı tuzla ovalayın. Hollandalı bir fırında, yağda kızartılır.
b) Kalan tüm MALZEMELERİ ekleyin: erişte hariç.
c) kaynatın; ısıyı azaltın ve üzeri kapalı olarak yaklaşık 2-3 saat veya et yumuşayana kadar pişirin. Soğanı atın.
d) Kızartmayı çıkarın; dilimlere böl.
e) Soslu erişte üzerinde servis yapın.

21. Hollandalı Fırın But Kızartma

- 3 ila 4 lb sağrı kızartma
- 1-küp dana bulyon
- 2 yemek kaşığı gerçek pastırma parçaları
- 1 kutu etli mantar çorbası
- 1 yemek kaşığı margarin
- 1 küçük kutu mantar
- 1 büyük tatlı soğan
- 2 su bardağı pişmiş geniş yumurtalı erişte

a) 25 kömüre başlayın ve tozlu bir kaplama oluşana kadar bekleyin. 12" Dutch Oven'ı 15 kömür üzerine ayarlayın ve butun her tarafını Margarinde kızartın.

b) Pastırma parçaları ekleyin ve karıştırın; soğanı dörde bölün ve fırına ekleyin; 1/4 su bardağı sıcak suyu ve bulyon küpünü rosto üzerine yavaşça dökün.

c) 10 adet kömürü kapatın ve kapağın üstüne yerleştirin.

d) Yaklaşık bir saat pişirin. Ateşten alın ve kömürleri kapaktan uzaklaştırın. Tozlanana kadar 15 kömür daha çalıştırın.

e) Hollandalı fırına Sığır Mantar Çorbası ve meyve suyuyla birlikte bir kutu mantar ekleyin.

f) Kapakla örtün ve kömürlerde yaklaşık 45 dakika pişirin.

g) Başka bir tencerede suyu kaynatın ve erişteleri pişirin; boşaltmak. Fırını kömürlerden çıkarın.

h) Kızartmayı fırından çıkarın ve bir tabağa koyun; dana eti dilimleyin ve erişte ile servis yapın ve üzerine mantar sosu kaşıklayın.

22. mangalda geyik eti

İÇİNDEKİLER:

- 1-28 ons şişe hazırlanmış mangalda sos
- 1 su bardağı ketçap
- 2 T. turşu çeşnisi
- 1 su bardağı et suyu veya tava suları geyik eti kızartması
- 1 küçük soğan, doğranmış
- 2 dal kereviz, doğranmış
- 2 lbs. pişmiş geyik eti rosto

TALIMATLAR::

a) Büyük bir tencerede geyik eti hariç tüm MALZEMELERİ karıştırın. Kısık ateşte yaklaşık 30 dakika veya sos kalınlaşana kadar pişirin.

b) Kızartmayı köpüren sosun içine dilimleyin ve et tamamen ısınana kadar pişirin.

c) Kişi başı 2 doyurucu sandviçten 5 porsiyon yapar.

23. Fesleğen, dana eti ve karabiber köri

4 Porsiyon yapar

İÇİNDEKİLER:
- 2 yemek kaşığı rendelenmiş zencefil
- 2 diş sarımsak, ezilmiş
- 500 gr (1 lb 2 oz) but veya yuvarlak biftek
- 250 ml (9 oz/1 su bardağı) hindistan cevizi kreması
- 1 yemek kaşığı hazır sarı köri ezmesi
- 80 ml (2½ ons/1/3 fincan) balık sosu
- 60 gr (2¼ ons/1/3 fincan) traşlanmış hurma şekeri
- 2 limon otu sapı, sadece beyaz kısım, ince kıyılmış
- 1 kalın dilim havlıcan
- 4 kafir misket limonu yaprağı
- 2 domates, 2 cm (¾ inç) zar halinde kesilmiş
- 400 gr (14 ons) konserve bambu parçaları, süzülmüş, küçük parçalar halinde kesilmiş
- 25 gr (1 oz) Tayland turşusu yeşil karabiber, sap üzerinde
- 2 yemek kaşığı demirhindi püresi
- 1 büyük avuç Tay fesleğen, kıyılmış

TALIMATLAR::

a) Zencefili ve sarımsağı havanda havanda veya mutfak robotunda pürüzlü hale gelene kadar ezin.

b) Eti 5 cm x 2 m (2 inç x ¾ inç) ve 3 mm (1/8 inç) kalınlığında şeritler halinde kesin.

c) Zencefil ve sarımsak ezmesini dana eti ile karıştırın ve 30 dakika marine edin.

d) Hindistan cevizi kremasının yarısını kalın tabanlı bir güveç kabında orta ateşte kaynatın ve ardından kaynama noktasına getirin. Sarı köri ezmesini ilave edin ve 3-5 dakika pişirin.

e) Balık sosu ve hurma şekerini ekleyin ve şeker eriyene kadar karıştırın.

f) Isıyı yüksek seviyeye yükseltin, kalan MALZEMELERİ ve 375 ml (13 oz/1½ bardak) suyu ekleyin ve köriyi kaynatın, ardından altını kısın ve kapağı açık olarak 1–1¼ saat veya sığır eti yumuşayana kadar pişirin.

g) Baharatı kontrol edin ve gerekirse ekstra balık sosu veya hurma şekeri ekleyerek düzeltin.

h) Kalan hindistancevizi kremasını karıştırın ve hemen servis yapın.

24. güney afrika kurutulmuş et

- 2 pound dana fileto, sığır filetosu, but kızartma
- 1 su bardağı kırmızı şarap sirkesi
- 6 yemek kaşığı kişniş tohumu
- 4 çay kaşığı karabiber
- 2 yemek kaşığı koşer tuzu
- nötr yemeklik yağ

a) Eti yaklaşık 1 inç kalınlığında büyük parçalar halinde dilimleyin. Sirkeyi küçük bir kaseye dökün, ardından her parçayı sirkeye hızlı bir şekilde daldırın.

b) Küçük bir tavayı orta ateşte 1 dakika ısıtın. Kişnişi ekleyin ve sürekli karıştırarak.

c) Kızarmış kişniş ve karabiberleri bir baharat değirmeni, kahve değirmeni veya mutfak robotunda ince bir şekilde öğütülene kadar öğütün.

d) Et kuruduktan sonra öğütülmüş baharatlarla atın.

e) Bir tel soğutma rafını hafifçe yağlayın ve fırın tepsisine yerleştirin. Etin yüzeyinde baharatlar bozulmadan kalacak şekilde eti rafa tamamen düz bir şekilde yerleştirin. Parçaların birbirine değmesine izin vermeyin; parçalar arasında hava akışına izin vermek, daha çabuk kurumasına yardımcı olacaktır.

f) Fırın tepsilerini fırına yerleştirin. Konveksiyonlu fırınınız yoksa, fırının kapağını tahta kaşık sapıyla sıkıştırarak açın. Fırınınıza, hava durumuna ve etin kalınlığına bağlı olarak biltongunuz 5 ila 9 saat arasında pişecektir.

25. Kızarmış biftek ve yorkshire pudding

Yapar: 2

İÇİNDEKİLER:
- · 1 yumurta, çırpılmış
- · ½ su bardağı süt
- · ½ su bardağı un
- · 1/8 çay kaşığı tuz
- · Tatmak için tuz
- · İsteğe göre taze çekilmiş karabiber
- · 1 pound but rosto
- · Arzuya göre sarımsak tozu

TALIMATLAR::
a) Ninja Foodi Dijital Hava Fritöz Fırınınızı açın ve "Havada Kızartma"yı seçmek için düğmeyi çevirin.
b) Zamanlayıcıyı 90 dakikaya ve sıcaklığı 375 °F'ye ayarlayın.
c) Ünite önceden ısıtıldığını belirtmek için bip sesi çıkardığında, sığır etini SearPlate'e koyun ve tuz, sarımsak tozu ve karabiber ekleyin.
d) Sığır etinin en kalın kısmı 135 ° F'ye gelene kadar fırında yaklaşık 90 dakika kızartın.
e) Damlamaları koruyarak fırından çıkarın.
f) Küçük bir kase alın, yumurtayı köpürene kadar çırpın.
g) Başka bir kap alın, tuzu ve unu karıştırın. Çırpılmış yumurtaya dökün ve sütü ekleyin.
h) Şimdi zamanlayıcıyı 3 dakika ve sıcaklığı 400 °F olarak seçerek ön ısıtma yapın.
i) Ayrılmış damlamaları bir tenekeye dökün. Önceden ısıtılmış fırına yaklaşık 3 dakika koyun.
j) Fırından çıkarın, un karışımını sıcak damlamalara ekleyin.
k) Fırına dönün ve zamanlayıcıyı 20 dakika veya kahverengi olana kadar ayarlayın.
l) Sıcak servis yapın ve tadını çıkarın!

26. Dana straganof krep

Yapar: 1 Porsiyon

İÇİNDEKİLER:

- 18 Krep
- 2 çay kaşığı Worcestershire sosu
- ⅓ su bardağı Tereyağı
- ⅓ bardak Domates sosu
- 1 Soğan
- ⅓ fincan kırmızı şarap
- 2 diş sarımsak
- ½ çay kaşığı Karabiber
- Yarım kilo mantar
- ⅓ bardak Sığır eti suyu
- 2 kiloluk biftek
- 2 çay kaşığı Tuz
- ¼ çay kaşığı Öğütülmüş kimyon
- 2 bardak Ekşi krema
- ¼ çay kaşığı Mercanköşk
- Doğranmış Frenk soğanı

TALIMATLAR:

a) Soğan ve sarımsağı tereyağında soğan yumuşayana kadar soteleyin. Mantarları ince ince dilimleyin ve tavaya alın. Beş dakika pişirin.

b) Biftekleri ince şeritler halinde kesin ve kimyon, mercanköşk, Worcestershire ve domates sosuyla birlikte tavaya ekleyin.

c) Sık sık karıştırın ve et kızarana kadar pişirin.

d) Şarap, et suyu, tuz ve karabiber ekleyin ve yumuşayana kadar pişirin.

e) Ekşi krema ekleyin ve sadece ılık olana kadar ısıtın. Şimdi her Krep'i straganof karışımı ile doldurun.

f) Katlayın ve sığ tereyağlı bir pişirme kabına koyun. Fırında 350F'de 20 dakika pişirin. Frenk soğanı serpin ve servis yapın.

27. Sous vide biftek

İÇİNDEKİLER: 2 porsiyon için

- 2 stk But biftek (rosto dana eti) 250g
- 1 ödül tuzu
- 1 adet kırmızıbiber
- Tava için 1 shot sıvı yağ

a) Sağır biftek tarifi ile eti nasıl istediğinizi önceden bilmek önemlidir.

b) Bu ve et kalınlığı da farklı pişirme sürelerine ve pişirme sıcaklıklarına neden olur - ayrıntılar için aşağıya bakın.

c) Bifteklerin ideal kalınlığı 2-3 cm arasında olmalı ve güzel bir ebruya sahip olmalıdır. Önce eti yıkayın, kurulayın ve ardından her bir et parçasını uygun bir pişirme folyosunda vakumlayın.

d) Şimdi iki parça eti yan yana sous vide cihazına (veya buharlı fırına) koyun ve istediğiniz pişme derecesine göre pişirin.

e) Pişirdikten sonra eti çıkarın, poşetten kesin, suyunu alın - bu bir sos için temel olabilir - eti biraz, tuz ve karabiberle ovun ve çok sıcak bir tavada biraz yağ veya tereyağı ile her iki tarafı da kızartılır - yakl. Her iki tarafta 60-90 saniye.

28. Ciabatta ile à la but biftek

1 porsiyon için

İÇİNDEKİLER:
- 300 gr Dana Eti
- 1 paket roka
- 100 gr çam fıstığı
- 2 diş sarımsak
- 100 gr Parmesan
- 150 ml zeytinyağı
- Pişirmek için 1 Ciabatta
- 50 gr Kiraz domates
- 1 top Mozzarella
- Tuz ve biber

a) Dana filetoyu vakumlayın ve 10-15 dakika bekletin. oda sıcaklığında dinlenmeye bırakın. Suyu 56 ° C'ye ısıtın ve filetoyu sabit sıcaklıkta su banyosuna yerleştirin. Yaklaşık 50 - 55 dakika su banyosunda pişirin.
b) Bu arada ekmeği paketteki talimatlara göre pişirin:.
c) Pesto sosunu hazırlayın - kremamsı bir karışım elde edene kadar roka, çam fıstığı, parmesan ve yağı karıştırın. Mozzarella ve domatesleri küçük küpler halinde kesin.
d) Ekmeği dilimler halinde kesin ve üzerine pesto sosu sürün. Kaplanmış dilimlerin üzerine domates ve mozzarella parçalarını yerleştirin.
e) Bir tavayı ısıtın ve filetoyu içinde kızartın. Tuz ve karabiber serperek servis yapın.

ÜÇ İPUCU

29. Sous Vide Barbekü Üçlü İpucu

Yapar: 6

İÇİNDEKİLER:
- 1 (2-3 pound) üç uçlu biftek
- 1 yemek kaşığı tuz
- 1 yemek kaşığı karabiber
- 2 çay kaşığı toz biber
- 2 çay kaşığı öğütülmüş hardal
- ½ su bardağı barbekü sosu

TALIMATLAR:
a) Anova'nızı 130F/54.4C'ye ayarlayın.
b) Üç ucu tuz, karabiber, kırmızı biber ve hardalla ovun.
c) Vakumlu bir torbaya koyun ve 6 saat su banyosuna daldırın
d) Su banyosunda üçlü uç bitmek üzereyken, piliçinizi yüksek sıcaklıkta ısıtın.
e) Üç ucu torbadan çıkarın ve barbekü sosuyla bolca kaplayın. Yaklaşık 10 dakika veya barbekü sosu hafif bir kabuk oluşturmaya başlayana kadar kavurun. Daha kalın bir kabuk için bu adımı ek barbekü sosuyla tekrarlayın.
f) Piliçten çıkarın ve hizmet etmek için taneye karşı dilimleyin.

30. Izgara burbon tri-tip

Yapar: 8 Porsiyon

İÇİNDEKİLER:
4 ila 6 pound üçlü uç
2 büyük kırmızı soğan
½ su bardağı taze biberiye
½ su bardağı taze nane yaprağı
½ su bardağı Burbon
1 yemek kaşığı Tuz
¾ bardak 1 bardak balzamik sirke
2 su bardağı Domates suyu
6 ila 12 diş sarımsak
½ su bardağı Soya sosu
BOURBON MARİNADI

1. Marine için tüm MALZEMELERİ metal bıçaklı bir mutfak robotunda birleştirin.

2. Tri-ucu cam, seramik veya plastik bir tavaya yerleştirin ve üzerine turşuyu dökün. oda sıcaklığında 2 saat veya buzdolabında 3 güne kadar bekletin.

3. Izgara yapmak için, kömürleri kızdırın ve su ısıtıcısı tipi bir barbekünün her iki tarafına koyun. Daha dumanlı bir tat için, sıcak kömürlere birkaç avuç dolusu ıslatılmış duman talaşı ekleyin. Eti ızgaraya koyun ve kapağı kapatın. Yaklaşık 30 dakika veya ortasına yerleştirilmiş bir et termometresi az pişmiş için 120 dereceye veya orta için 130 dereceye ulaşana kadar ızgara yapın.

31. Kızartma üç uçlu

Yapar: 8 porsiyon

İÇİNDEKİLER:
2 kilo sığır filetosu tri-tip
Tuz ve karabiber - Arzuya göre
2 yemek kaşığı Yağ
1 orta boy Soğan - soyulmuş ve Dörde bölünmüş
1 Havuç -- doğrayın
1 Kereviz sapı -- kıyılmış
2 yemek kaşığı Un
1 bardak kırmızı şarap
3 su bardağı tavuk suyu
1 çay kaşığı Kekik

a) ETİ KURULAYIN, tuz ve karabiber serpin. Yağı büyük bir ateşe dayanıklı güveçte ısıtın, eti ekleyin ve yüksek ateşte her iki tarafını da kahverengileştirin.

b) Eti tencereden alıp orta ateşe alıp soğan, havuç ve kerevizi ekleyip karıştırarak pişirin, sosu ayrı ayrı servis edin.

Kaburga Gözü

32. Karabiber Soslu Rib-eye Steaks

Yapar: 2

İÇİNDEKİLER:
- 2 yemek kaşığı zeytinyağı
- 2 x 250 gr antrikot biftek
- 4 kekik dalı
- 30 gr tereyağı
- 1 muz arpacık, soyulmuş ve ince doğranmış
- 2 yemek kaşığı yeşil biber
- 1 büyük diş sarımsak, soyulmuş ve ince kıyılmış
- 50ml konyak
- 1 çay kaşığı Dijon hardalı
- 200ml et suyu
- 2 çizgi Worcestershire sosu
- 150ml çift krema
- Deniz tuzu ve taze çekilmiş karabiber

TALIMATLAR:

a) Büyük, yapışmaz bir kızartma tavasını yüksek ateşte yerleştirin. Zeytinyağını bifteklerin üzerine sürün ve bol miktarda tuz ve karabiber ekleyin. Tava sıcakken biftekleri ekleyin ve bifteklerinizi orta pişmiş seviyorsanız her iki tarafını 2-3 dakika pişirin.

b) Tavayı ocaktan alın, ardından kekik ve tereyağını ekleyin ve biftekleri en az bir dakika yağlayın, yağlayın, yağlayın. Onları ters çevirin ve tekrar teyelleyin. Biftekleri ve kekiği ılık bir tabağa aktarın ve dinlenmeye bırakın.

c) Tavayı tekrar orta ateşe getirin, arpacık soğanını ekleyin ve 2-3 dakika veya yumuşayana kadar pişirin. Yeşil biberleri ve sarımsağı ekleyip 1-2 dakika pişirin.

d) Konyağı dökün ve dikkatlice alevlendirin. Hardal, sığır eti suyu ve Worcestershire sosunu ekleyin, iyice karıştırın ve ısıyı yüksek seviyeye yükseltin. Kremayı eklemeden önce stokun yarı yarıya azalmasını sağlayın. Birkaç dakika daha veya krema koyulaşana kadar pişmesine izin verin.

e) Dinlenmiş biftekleri servis tabaklarına alın ve kalan sularını sosun içine döktüğünüzden emin olun. Sosu iyice karıştırın ve bifteklerin üzerine dökmeden ve yeşil sebzelerle servis yapmadan önce tadına bakın.

33. Pirinç ve Dana Erişte Çorbası

Hazırlama Süresi: 30 dakika
Pişirme Süresi: 75 dakika
Yapar: 8 kişi

İÇİNDEKİLER:
- ½ bütün Kore-Amerikan turpu
- ½ pound dana kaburga biftek
- ¼ pound Çin eriştesi
- 1⅓ pound dana incik
- 5 diş sarımsak
- 1 yeşil soğan, büyük ve doğranmış
- tatmak için baharat

TALIMATLAR:
a) Sığır eti alın ve ağız büyüklüğünde parçalar halinde doğrayın.
b) Turpu iki parçaya kesin.
c) Şimdi bunları büyük bir tencerede 30 bardak su ile kaynatın, kaynayınca altını kısın ve 60 dakika pişirin.
d) Et yumuşadıktan sonra turpla birlikte et suyundan çıkarın, et suyunun soğumasını bekleyin ve fazla yağı alın.
e) Turp dilimini ⅛ kalın dilimler halinde işleyebildiğiniz zaman.
f) Eti dilimlenmiş turpla birlikte tekrar et suyuna koyun ve bu sefer erişteyi ekleyerek tekrar kaynatın.
g) Taze soğanları atın ve baharatı tuz ve karabiber kullanarak düzeltin.
h) Çorba kaselerine alıp afiyetle tüketin.

34. Siyah ve Mavi Biftek Burger

Yapar: 4

İÇİNDEKİLER:
- ¾ pound yağlı kaburga eti
- ¾ pound en iyi sığır filetosu biftek
- 2 ons mavi peynir
- 1 tutam tuz ve tat vermek için taze çekilmiş karabiber • 1 ½ yemek kaşığı mayonez veya tatmak
- 4 hamburger ekmeği, bölünmüş ve kızartılmış • 2 ons kırmızı soğan turşusu veya tadı

TALIMATLAR:
a) Biftekleri ikiye bölün, ardından yaklaşık 1/4 ila 1/2 inç kalınlığında şeritler halinde dilimleyin. Bir kaseye koyun ve plastik örtü ile örtün. Çok soğuyana ve sertleşene kadar dondurun, ancak tamamen donmayın, yaklaşık 30 dakika ila 1 saat. Mavi peyniri de dondurucuya yerleştirin, böylece işlenmesi daha kolay olur.

b) Kısmen donmuş bifteği keskin bir bıçak veya et baltası ile kaba kıyma görünümüne gelene kadar doğrayın. Üstüne yaklaşık ½ bardak (paketlenmemiş) mavi peynir ufalayın; katlamak ve ete doğramak için baltayı kullanın.

c) Elinizi hafifçe suyla ıslatın ve karışımı 3 veya 4 beze haline getirin.

d) Tek tek plastik ambalaj parçaları üzerine düzleştirin; mühürleyin ve pişirmeye hazır olana kadar soğutun.

e) Köfteleri açın ve istediğiniz inceliğe kadar bastırmaya devam edin. Her iki tarafını da tuz ve karabiberle tatlandırın.

f) Kuru bir dökme demir tavayı orta-yüksek ateşte çok sıcak olana kadar ısıtın. Her köfteyi, alt kısmında bir kabuk oluşana kadar, yaklaşık 3 dakika rahatsız etmeden kızartın. Döndürün ve hafifçe bastırıldığında yüzey geri dönene kadar yaklaşık 3 dakika daha pişirmeye devam edin.

g) Her bir alt topuz yarısının üzerine biraz mayonez sürün. Turşu kırmızı soğan ile tepesinde köfteleri çörekler üzerinde servis yapın.

35. Tavada Kaburga Göz Biftek

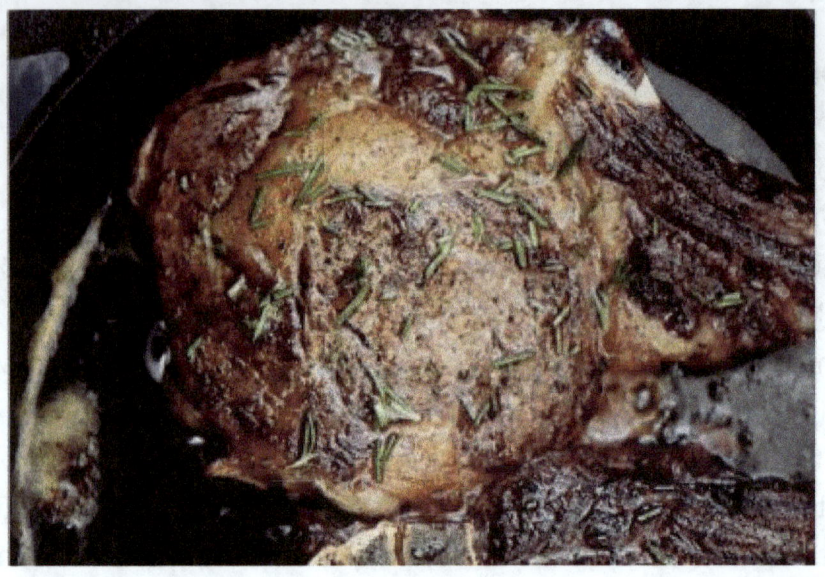

Yapar: 4 (her biri 4 oz.)

İÇİNDEKİLER:

- 2 kemikli kaburga eti (1 ¼ - 1 ½ inç kalınlıkta)
- 4 çay kaşığı ince kıyılmış taze biberiye yaprağı
- 2 yemek kaşığı zeytinyağı
- 2 çay kaşığı Stone House baharatı veya tercih ettiğiniz başka bir baharat
- 2 yemek kaşığı tuzsuz tereyağı

TALIMATLAR::

a) Bifteklerin her yerine baharat serpin. İçine iyice sürtün.
b) Bir fırın tepsisine yerleştirin ve üzerine biberiye yapraklarını serpin.
c) Fırın tepsisini streç filmle kaplayın ve buzdolabına koyun. 3 güne kadar taze kalırlar.
d) Pişirmeden 30 dakika önce fırın tepsisini buzdolabından çıkarın ve tezgahınıza yerleştirin.
e) Orta-yüksek ateşte bir tava koyun ve ısınmasına izin verin. Sıvı yağ ve tereyağını ekleyip tereyağının erimesini bekleyin.
f) Biftekleri tavaya koyun.
g) Az pişmiş için: Bifteklerin her tarafı altın rengi kahverengi olacak şekilde her iki tarafını 2-3 dakika pişirin. Pişirmeye devam ederken biftekleri sıvı ile yağlayın.
h) Bir maşa kullanarak (arka kısım), bifteği ortasından bastırın. Yumuşak olduğunda bifteği tavadan çıkarın ve bir kesme tahtası üzerine yerleştirin.
i) Orta için: 4 dakika veya alt tarafı hafifçe altın rengi kahverengi olana kadar pişirin. Bir kez yanlarını çevirin ve diğer yüzünü 4 dakika pişirin. Pişirirken biftekleri pişmiş sıvı ile yağlayın.

j) Bir maşa kullanarak bifteği ortasından bastırın. Biraz daha sertse, biftekleri tavadan çıkarın.

k) İyi pişmiş için: 5-6 dakika veya alt tarafı altın rengi kahverengi olana kadar pişirin. Bir kez yanlarını çevirin ve diğer yüzünü 5-6 dakika pişirin. Pişirirken biftekleri pişmiş sıvı ile yağlayın.

l) Bir maşa kullanarak (arka kısım), bifteği ortasından bastırın. Çok sertse biftekleri tavadan çıkarın.

m) Biftekler istediğiniz gibi piştiğinde, biftekleri tavadan alın ve bir kesme tahtası üzerine yerleştirin.

n) Bifteği folyo ile örtün ve 5 dakika dinlenmeye bırakın.

o) Taneye karşı dilimleyin ve servis yapın.

36. Kimyon-Kireç Biftek

Yapar: 4

İÇİNDEKİLER:
- 20 Bir kez. yağsız kaburga eti ile biftek
- 6 Üst Brokoli
- ½ su bardağı et suyu
- ¼ yemek kaşığı limon suyu
- 1 ½ kaşık öğütülmüş kimyon
- 1 ½ kaşık öğütülmüş kişniş
- 2 büyük, ince kıyılmış diş sarımsak
- 3 kilo zeytinyağı

TALIMATLAR:
a) Tüm marine MALZEMELERİ: (yağ hariç) bir karıştırıcıda karıştırın.
b) Motoru yavaş çalışan bir karıştırıcıya yağ ekleyin.
c) Kullanıma hazır olana kadar soğutun ve üzerini örtün. 1 bardak turşuyu cam bir tabaktaki bifteklerin üzerine her tarafını kaplayacak şekilde dökün.
d) Örtün ve 6 saat (veya gece boyunca) soğumaya bırakın.
e) Orta boy kömürlerin üzerinde düzenli olarak çevirerek ızgara yapın ve kalan ½ su bardağı turşuyla temizleyin.
f) Yanında brokoli buharda pişirin ve servis yapın.

37. Porcini ile ovuşturulmuş biftekler

Yapar: 2

İÇİNDEKİLER:

- 2 yemek kaşığı şeker
- 1 yemek kaşığı tuz
- 5 diş sarımsak, ince kıyılmış
- 1 yemek kaşığı acı kırmızı biber gevreği
- 1 yemek kaşığı karabiber
- 30 gr kuru porçini mantarı, ince öğütülmüş
- 60ml zeytinyağı, artı gezdirmek için ekstra
- 1 x 600-800g kaburga eti, 4 cm kalınlığında kesilmiş
- Çiselemek için balzamik sirke

TALIMATLAR:

a) Küçük bir kapta şeker, tuz, sarımsak, kırmızı pul biber, biber, mantar tozu ve zeytinyağını birleştirin, ardından kalın, oldukça kuru bir macun oluşturmak için iyice karıştırın. Hamuru bifteğin her tarafına sürün ve eşit şekilde kaplayın. Streç filme sarın ve 12 saat veya gece boyunca soğutun.

b) Bir ızgara tavasını ısıtın. Bifteği buzdolabından çıkarın, fazla marineyi fırçalayın. Orta-yüksek ateşte 20-25 dakika pişirin, orta pişmiş için her 6 dakikada bir çevirin.

c) Bifteği 10 dakika dinlendirin, ardından damarlara karşı dilimleyin. Üzerine zeytinyağı ve balzamik sirke gezdirip servis yapın.

38. Çıtır susamlı dana eti

4 KİŞİLİK

İÇİNDEKİLER:

- · 1 orta boy Daikon Turp
- ·1 lb. Ribeye Steak, ¼" şeritler halinde dilimlenmiş
- ·1 yemek kaşığı. Hindistan cevizi unu
- · ½ çk. Guar sakızı
- ·1 yemek kaşığı. Hindistancevizi yağı
- ·4 yemek kaşığı. Soya sosu
- ·1 çay kaşığı. Susam yağı
- ·1 çay kaşığı. İstiridye sosu
- ·1 yemek kaşığı. + 1 çay kaşığı Pirinç sirkesi
- ·1 çay kaşığı. Sriracha veya Sambal Olek ve ½ çay kaşığı. Kırmızı pul biber
- ·1 yemek kaşığı. kavrulmuş susam
- · ½ orta boy Kırmızı Biber, ince şeritler halinde dilimlenmiş
- ·½ orta boy Jalapeno Biber, ince halkalar halinde dilimlenmiş
- · 1 orta boy doğranmış Yeşil Soğan
- · 1 diş Sarımsak, kıyılmış
- ·1 çay kaşığı. Zencefil, kıyılmış
- ·7 damla Sıvı Stevia
- ·Kızartmalık yağ

TALIMATLAR:

a) Bu tarif için daikon eriştelerini hazırlayarak başlayın. Bir spiralleştirici kullanarak, daikon turpunu dilimleyin, böylece erişte benzeri şeritler kalır.

b) Daikon turpunun tamamını soyduktan sonra, daikon eriştelerini bir kase soğuk suda 20 dakika bekletin.

c) Kaburga eti, yaklaşık 1/4 kalınlığında küçük şeritler halinde doğrayın.

d) Kaburga biftekini bir kaseye koyun ve tüm parçaları kaplamak için etin üzerine hindistancevizi unu ve guar sakızı dökün.

e) Bu un, hafif ekmek halkaları, yeşil soğanı küçük parçalara ayıracak ve sarımsak ve zencefili kıyacaktır.

f) Tüm sebzeleri hazırlayın. Kırmızı Biberi ince şeritler halinde, jalapeno biberi ince halkalar halinde dilimleyin.

g) Bir wok tavada veya büyük bir tavada, hindistancevizi yağını orta ateşte ısıtın. Sıcakken sarımsak, zencefil ve kırmızı biber şeritlerini ekleyin. Yakmamaya dikkat ederek aromatik olana kadar 2 dakika kızartın. Soya sosu, istiridye sosu, susam yağı, pirinç sirkesi, stevia ve sriracha'yı ekleyin.

h) Birleştirmek için çırpın ve 1-2 dakika pişmesine izin verin. Daha sonra sos karışımına susam ve kırmızı biber pullarını ekleyin ve karıştırın.

i) Sebzeler pişerken, 1" yemeklik yağı büyük bir tencerede veya fritözde 325 derece F'ye ulaşana kadar yüksek ateşte ısıtın. Yağ uygun sıcaklığa ulaştığında, tencereyi doldurmamaya dikkat ederek sığır eti şeritlerini ekleyin.

j) Bu sığ kızartma tekniğinde, her iki tarafın da eşit şekilde pişmesi için eti tavada bir kez çevirmeniz gerekecek. Her iki tarafta 2-3 dakika veya et koyu kahverengi bir kabuk oluşana kadar kızartın.

k) Sığır eti yağdan çıkarın ve yağın bir kısmını emmesi için kağıt havluların üzerine koyun.

l) Daha sonra, pişmiş çıtır dana etini sosu içeren wok tavaya bırakın ve birleştirmek için karıştırın. Et ve sosun tatlarının birlikte gelişmesi için 2 dakika daha pişirin.

m) Daikon turp erişteleri boşaltın ve her servis tabağına bölün.

n) Her birinin üzerine bir parça susam bifteği koyun. Jalapeno dilimleri ve yeşil soğan ile süsleyin.

39. Havada Kızartılmış Philly Cheesesteaks

Porsiyon: 2

- 12 ons (340 gr) kemiksiz antrikot biftek, ince dilimlenmiş
- ½ çay kaşığı Worcestershire sosu
- ½ çay kaşığı soya sosu
- Kaşar tuzu ve karabiber, tatmak için
- ½ yeşil dolmalık biber, saplı, çekirdeksiz ve ince dilimlenmiş
- ½ küçük soğan, ikiye bölünmüş ve ince dilimlenmiş
- 1 yemek kaşığı bitkisel yağ
- 2 yumuşak hoagie rulosu, yolun dörtte üçüne bölünmüş
- 1 yemek kaşığı tereyağı, yumuşatılmış
- 2 dilim provolon peyniri, ikiye bölünmüş

Biftek, Worcestershire sosu, soya sosu, tuz ve karabiberi büyük bir kapta birleştirin. İyice kaplamak için atın. Kenara koyun.
Ayrı bir kapta dolmalık biber, soğan, tuz, karabiber ve bitkisel yağı birleştirin. Sebzeleri iyice kaplamak için atın.
Biftek ve sebzeleri fritöz sepetine koyun.
Hava fritöz sepetini fırın tepsisine koyun ve Raf Konumu 2'ye kaydırın, Havada Kızartma'yı seçin, sıcaklığı 205ºC'ye (400ºF) ayarlayın ve süreyi 15 dakikaya ayarlayın.
Pişirildiğinde biftek kızarır ve sebzeler yumuşar. Onları bir tabağa aktarın. Kenara koyun.
Hoagie rulolarını tereyağı ile fırçalayın ve sepete yerleştirin.
Tost'u seçin ve süreyi 3 dakikaya ayarlayın. Fırına dönün. Bittiğinde, rulolar hafifçe kızartılmalıdır.
Ruloları temiz bir çalışma yüzeyine aktarın ve biftek ve sebze karışımını rulolar arasında paylaştırın. Peynirle yayın. Doldurulmuş ruloları sepete aktarın.
Air Fry'ı seçin ve süreyi 2 dakikaya ayarlayın. Fırına dönün. Bittiğinde peynir eritilmelidir.
Hemen servis yapın.

40. Soğanlı Otlu Kavrulmuş Sığır Eti İpuçları

4 kişilik

1 kiloluk kaburga eti, kuşbaşı
2 diş sarımsak, kıyılmış
2 yemek kaşığı zeytinyağı
1 yemek kaşığı taze kekik
1 çay kaşığı tuz
½ çay kaşığı karabiber
1 sarı soğan, ince dilimlenmiş

1. Hava fritözünü 380°F'ye önceden ısıtın.
2. Orta boy bir kapta biftek, sarımsak, zeytinyağı, kekik, tuz, karabiber ve soğanı birleştirin. Tüm sığır eti ve soğan iyice kaplanana kadar karıştırın.
3. Terbiyeli biftek karışımını fritöz sepetine koyun. 5 dakika kızartın. 5 dakika daha karıştırarak kavurun.
4. Bazı favori taraflarla servis yapmadan önce 5 dakika dinlendirin.

ETEK-BİFTE

41. Bir çubuk üzerinde biberli biftek

İÇİNDEKİLER:

- 1½ ila 2 pound etek biftek, kesilmiş
- 1 yemek kaşığı kuru hardal
- ½ su bardağı kırmızı şarap sirkesi
- 1 çay kaşığı tuz
- ½ su bardağı beyaz üzüm veya elma suyu
- 1 su bardağı zeytinyağı
- ¼ fincan soğan, ince doğranmış
- 6 adet küçük-orta boy kuru soğan
- 1 yemek kaşığı ovuşturdu kurutulmuş adaçayı
- 2 dolmalık biber, dörde bölünmüş
- 1 yemek kaşığı taze çekilmiş karabiber
- 6 adet uzun metal veya tahta şiş
- 1 yemek kaşığı öğütülmüş kişniş

TALIMATLAR:

a) Izgarayı orta derecede ısıtın. Bifteği cam bir tabağa koyun. Başka bir tabakta şarap sirkesi, meyve suyu, doğranmış soğan, adaçayı, biber, kişniş, kuru hardal, tuz ve zeytinyağını karıştırın.

b) Bifteğin üzerine dökün ve marine ile kaplamak için çevirin. Pişirirken bifteğin üzerine sürmek için ½ su bardağı salamura bırakın. Örtün, buzdolabına (veya buz dolabına) yerleştirin ve en az 1 saat marine edin.

c) Bifteği turşudan çıkarın, 6 porsiyona bölün. Geride tuttuğunuz ½ bardak hariç salamurayı atın. Tahta şiş kullanıyorsanız, kullanmadan önce yaklaşık 15 dakika suda bekletin. eti uzun şişlere geçirin, eti kuru soğan ve dörde bölünmüş biberlerin etrafına dolayın.

d) Her tarafı pişirmek için çevirerek 12 ila 15 dakika ızgara yapın. Pişirirken eti ayrılmış salamura ile fırçalayın. Yapar: 6 Porsiyon.

42. Biftek Fajita

İÇİNDEKİLER:

- 4 yemek kaşığı sızma zeytinyağı 1 lb. etek veya göğüs biftek
- 1 çay kaşığı öğütülmüş kimyon 2 biber, 2'ye kesin. parçalar
- 1 çay kaşığı kırmızı biber tozu 1 kırmızı soğan, dilimler halinde kesilmiş
- 4 diş sarımsak, ezilmiş Un ekmeği
- Bir limonun suyu

TALIMATLAR:

a) Evde: Zeytinyağı, kimyon, pul biber, sarımsak, limon suyu, tuz ve karabiberi karıştırın. Biftek ve sebzeleri ayrı ayrı kapatılabilir plastik torbalarda marine etmek için bunu kullanın. Sakin olmak. (Biftekleri dondurmak ve dondurulmuş olarak paketlemek isteyebilirsiniz).

b) Gerekirse bifteği çözün. Isı ızgarası

c) eti, biberi ve soğanı dönüşümlü olarak şişlerin üzerine koyun. Şişleri sık sık çevirerek 5 ila 8 dakika ızgara yapın.

43. Sığır Eti ve Brokoli

İÇİNDEKİLER:

- ¾ pound etek biftek, tahıl boyunca ¼ inç kalınlığında dilimler halinde kesin
- 1 yemek kaşığı kabartma tozu
- 1 yemek kaşığı mısır nişastası
- 4 yemek kaşığı su, bölünmüş
- 2 yemek kaşığı istiridye sosu
- 2 yemek kaşığı Shaoxing pirinç şarabı
- 2 çay kaşığı açık kahverengi şeker
- 1 yemek kaşığı hoisin sosu
- 2 yemek kaşığı bitkisel yağ
- 4 soyulmuş taze zencefil dilimi, yaklaşık çeyrek büyüklüğünde
- koşer tuzu
- 1 kiloluk brokoli, ısırık büyüklüğünde çiçeklere bölünmüş
- 2 diş sarımsak, ince kıyılmış

TALIMATLAR::

a) Küçük bir kapta, kaplamak için sığır eti ve kabartma tozunu karıştırın. 10 dakika kenara koyun. Sığır eti çok iyi durulayın ve ardından kağıt havlularla kurulayın.

b) Başka bir küçük kapta mısır nişastasını 2 yemek kaşığı suyla karıştırın ve istiridye sosu, pirinç şarabı, esmer şeker ve hoisin sosuyla karıştırın. Kenara koyun.

c) Wok tavayı orta-yüksek ateşte bir damla su cızırdayana ve temas ettiğinde buharlaşana kadar ısıtın. Yağı dökün ve wokun tabanını kaplamak için döndürün. Zencefil ve bir tutam tuz ekleyerek yağı baharatlayın. Zencefili hafifçe döndürerek yaklaşık 30 saniye yağda cızırdamaya bırakın. Sığır eti wok'a ekleyin ve pembeleşinceye kadar 3 ila 4 dakika karıştırarak kızartın. Sığır eti bir kaseye aktarın ve bir kenara koyun.

d) Brokoliyi ve sarımsağı ekleyin ve 1 dakika karıştırarak kavurun, ardından kalan 2 yemek kaşığı suyu ekleyin. Wok tavasını kapatın ve brokoliyi çıtır çıtır olana kadar 6 ila 8 dakika buharda pişirin.

e) Sığır eti wok'a geri koyun ve tamamen kaplanana ve sos hafifçe koyulaşana kadar 2 ila 3 dakika sosla karıştırın. Zencefili atın, bir tabağa aktarın ve sıcak servis yapın.

44. sığır eti suyu

SERVİS 6

- 750 gr Etli dana biftek, damar boyunca 1 cm'lik şeritler halinde dilimlenmiş
- 1 yemek kaşığı bitkisel veya yer fıstığı yağı
- 1 limon, dilimler halinde kesilmiş, servis için
- **suya ovmak için**

- 4 yemek kaşığı tuzsuz yer fıstığı
- 2 çay kaşığı biber tozu (veya tadı)
- 1 yemek kaşığı beyaz biber, tercihen taze çekilmiş
- 1 yemek kaşığı sarımsak tozu
- 1 yemek kaşığı soğan tozu
- 1 tavuk suyu küpü, ufalanmış
- 1 çay kaşığı füme kırmızı biber
- 1 çay kaşığı tuz

a) Suya sürmek için fıstıkları kuru bir tavaya koyun ve orta ateşte ısıtın.
b) Derin bir altın rengi olana kadar yaklaşık 3 dakika kızartın, ardından bir baharat değirmenine aktarın.
c) Öğütene kadar vurun, ancak aşırı atmamaya dikkat edin, aksi takdirde bir macuna dönüşürler.
d) Yer fıstığını bir kaseye alın ve pul biber, beyaz biber, sarımsak tozu, soğan tozu, ufalanmış et suyu, kırmızı biber ve tuzu karıştırın. Suya ovmanın eşit şekilde karıştırılmış bir toz olmasını istiyorsunuz.
e) Suya sürtünü büyük bir düz tabağa serpin ve sığır eti şeritlerini baharatlarla mümkün olduğunca eşit bir şekilde kaplayarak içinde yuvarlayın.
f) Bir tabağa alın, üzerini kapatın ve en az bir saat, vaktiniz varsa bir gece buzdolabında dinlendirin. Çiğ etle temas halinde olduğu için artık sürtünmeyi atın.

g) Pişirmeye hazır olduğunuzda, dana etini şişlere geçirin ve üzerine biraz yağ gezdirin. Barbekünüzü veya ızgara tavanızı ısınana kadar ateşleyin.

h) Şişleri yaklaşık 8-10 dakika, düzenli olarak çevirerek, dışları iyice renklenene kadar pişirin.

i) Hemen limon suyu sıkarak servis yapın.

45. [Gatsby](#)

YAKLAŞIK 4 HİZMET

- 1 yemek kaşığı bitkisel yağ
- 500 gr dana etek biftek
- 1 baget, yaklaşık 50-60 cm uzunluğunda, dilimlenmiş, ancak üst ve alt hala birbirine menteşeli
- 2 avuç dolusu üçlü pişmiş cips (bkz. Burada) veya yaklaşık 250 gr fırında patates kızartması
- avuç dolusu rendelenmiş ekstra olgun Cheddar (yaklaşık 150g) deniz tuzu gevreği

garam masala için
- 1 yemek kaşığı kimyon tohumu
- 1 yemek kaşığı kişniş tohumu
- 1 çay kaşığı rezene tohumu
- 1 çay kaşığı kereviz tohumu
- 1 çay kaşığı karabiber
- 1 çay kaşığı öğütülmüş zerdeçal

a) Kendi garam masalanızı yapıyorsanız, kimyon, kişniş, rezene, kereviz ve karabiberleri küçük bir tavaya koyun ve kızartmak için orta-yüksek ateşte ayarlayın. Tavadan yükselen aromalarının kokusunu alır almaz, ısıyı kapatın ve bir baharat değirmenine veya havaneli ve havana sokun. Zerdeçal ekleyin ve bir toz haline getirin.

b) Bitkisel yağı bifteğin her iki tarafına da sürün ve üzerine 1-2 yemek kaşığı baharat tozu serpip iyice ovalayın. Oda sıcaklığında 30 dakika ila bir saat arasında marine etmek için bir kenara koyun. Izgara yapmadan hemen önce bifteğin her iki tarafına biraz deniz tuzu serpin.

c) Mangalınızı ısınana kadar ateşleyin veya isterseniz ocakta bir ızgara tavası kullanın. Sıcakken, bifteği istediğiniz gibi ızgara yapın - kalınlığına bağlı olarak orta az pişmiş bir biftek için her bir tarafı yaklaşık 3 dakika.

d) Biftek piştikten sonra bir tabağa aktarın, folyo ile gevşek bir şekilde örtün ve 10 dakika dinlenmeye bırakın. Maksimum hassasiyet için tahıl boyunca ince şeritler halinde dilimleyin ve açılmış bagetin uzunluğu boyunca yayın. Üzerine sıcak cips ve peynir serpin ve bageti kapatın ve elinizden geldiğince sıkın.

e) Cömert parçalar halinde dilimleyin ve hala sıcak ve tazeyken içine sokun.

46. dana lok lak

2 SERVİS

- 350g dana etek biftek, damar boyunca ince dilimlenmiş (veya en sevdiğiniz kesimi kullanın)
- 3 yemek kaşığı soya sosu
- 1 yemek kaşığı istiridye sosu
- 1 yemek kaşığı domates ketçapı
- 1 çay kaşığı balık sosu
- 2 diş sarımsak, dilimlenmiş
- 2 avuç yumuşak marul yaprağı
- 2 olgun domates, dilimlenmiş
- ¼ salatalık, dilimlenmiş
- 2 yemek kaşığı bitkisel yağ
- 1 çay kaşığı mısır unu, 1 çay kaşığı soğuk su ile macun kıvamına getirilir
- yumurtalar
- taze soğan, ince dilimlenmiş taze çekilmiş karabiber

pansuman için
- 1 tepeleme tatlı kaşığı karabiber
- 1 misket limonunun suyu
- 1 çay kaşığı balık sosu
- 1 çay kaşığı pudra şekeri

a) Sığır şeritlerini metalik olmayan bir kaseye koyun ve soya sosu, istiridye sosu, domates ketçapı, balık sosu, sarımsak ve bolca karabiber ekleyin.

b) Karıştırmak için iyice karıştırın, streç filmle kaplayın ve en az 2 saat veya ideal olarak gece boyunca buzdolabında marine olması için bırakın.

c) Karabiberleri bir baharat değirmeninde veya havaneli ve harçta ince öğütülene kadar öğüterek daldırma sosu yapın. Limon suyu, balık sosu ve şekeri ilave edip şeker eriyene kadar iyice karıştırın. Kenara koyun.

d) Marul, domates ve salatalığı 2 tabağa dizin.

e) 1 çorba kaşığı yağı wok'ta dumanı tütene kadar ısıtın, ardından dana etini koyun ve neredeyse istediğiniz gibi pişene kadar birkaç dakika karıştırarak kızartın. Mısır unu ezmesini hızla karıştırın ve yüksek ateşte bir dakika daha kalınlaştırın. Wok'un altındaki ısıyı kapatın ve sıcak tutun.

f) Kalan yağı bir tavaya ekleyin ve orta-yüksek ateşte ayarlayın. Sıcakken, yumurtaları kırın ve istediğiniz gibi pişene kadar kızartın.

g) Sığır eti her salata tabağının üzerine yerleştirin ve üzerine kızarmış yumurta ekleyin. Taze soğanı üzerine yayın, sosun üzerine gezdirin ve hemen servis yapın.

NEW YORK ŞERİT Biftek

47. Tekila Barbekü dana biftek

Yapar: 4 Porsiyon

İÇİNDEKİLER:
- 4 New York şerit biftek
- ½ bardak Tekila
- 2 yemek kaşığı zeytinyağı
- 1 yemek kaşığı Biber
- 2 çay kaşığı Rendelenmiş limon kabuğu
- 1 diş sarımsak, tadına göre kıyılmış tuz

TALIMATLAR:

a) Nemli bir kağıt havluyla biftekleri silin; eti 1 galonluk plastik gıda torbasına koyun. Tekila, yağ, biber, limon kabuğu ve sarımsağı ekleyin; torbayı kapatın ve çeşnileri karıştırmak için çevirin.

b) Torbayı bir tabağa koyun; en az 1 saat veya 1 güne kadar soğutun; çantayı ara sıra ters çevirin. Biftekleri boşaltın ve katı bir sıcak kömür yatağının 4 ila 6 inç yukarısındaki bir ızgaraya yerleştirin.

c) Biftekleri eşit şekilde kahverengi hale getirin; orta-az pişmiş için (test etmek için kesin), 12 ila 14 dakika pişirin.

d) Eti tabaklara taşıyın; tuzla tatmak için mevsim.

48. Sous Vide Klasik New York Strip Steak

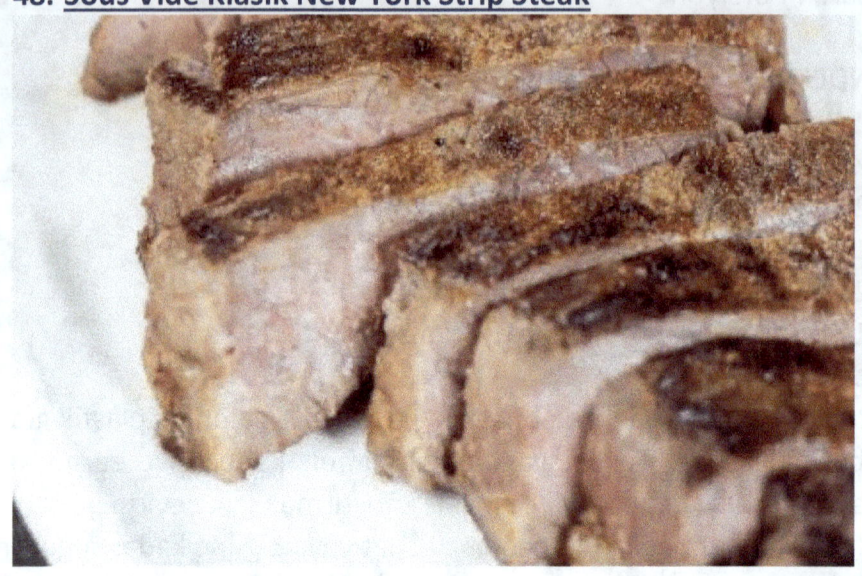

Yapar: 2

İÇİNDEKİLER:
- 2 (12-16 ons) New York Strip bifteği
- tuz ve karabiber
- 2 yemek kaşığı tereyağı
- 1 yemek kaşığı bitkisel yağ

TALIMATLAR:
a) Anova'nızı orta pişmiş için 125F/51.6C'ye veya orta için 130F/54.4'e ayarlayın.
b) Biftekleri kağıt havluyla kurulayın ve bolca tuz ve karabiber serpin. Biftekleri bir tel rafa koyun ve üstü açık olarak buzdolabında bir saat bekletin. Kuru görünmelidirler.
c) Biftekleri ayrı ayrı vakumlu poşetlere koyun ve 45 dakika su banyosuna daldırın. Banyoda daha uzun süre tutulabilirler, ancak 3 saatten fazla tutulamazlar. Bu noktadan sonra doku etkilenecektir.
d) Biftekler neredeyse bittiğinde, bir dökme demir tavayı yüksek ateşte yağ ile tütene kadar ısıtın.
e) Biftekleri poşetten çıkarın ve her iki tarafını 3-4 dakika kızartın ve ortasına tereyağı ekleyin.
f) Biftekleri tavadan çıkarın ve fırında patates veya kremalı ıspanakla servis yapın.

49. Ananas Soslu Rum Baharatlı Biftek

İÇİNDEKİLER:
- 2 su bardağı doğranmış taze ananas
- ½ su bardağı doğranmış kırmızı soğan
- 2 yemek kaşığı doğranmış kırmızı jalapeno şili
- 1 yemek kaşığı kıyılmış taze kişniş
- 1/4 çay kaşığı tuz
- 1 yemek kaşığı limon suyu
- 2 yemek kaşığı Worcestershire sosu
- 2 yemek kaşığı zeytinyağı
- 1 yemek kaşığı Rum Spice Izgara Çeşnisi
- 4 kemiksiz sığır eti NY şerit biftek

TALIMATLAR:
a) Orta boy bir kapta, tüm lezzetleri birleştirin İÇİNDEKİLER: limon suyuna kadar. 30 dakika bekletin.

b) Küçük bir kapta Worcestershire sosu, Rum Spice Grill Çeşnisi ve yağı karıştırın. Sıcaklık.

c) Biftekleri kurulayın, her iki tarafını da Worcestershire/Spice karışımı ile fırçalayın ve barbeküye atın.

d) Biber serpin. Afiyetle servis edin.

50. Limonlu biftek

Yapar: 4 Porsiyon

İÇİNDEKİLER:
- 2 yemek kaşığı ZEYTİNYAĞLI, LİMON SUYU
- 2 kilo şerit biftek
- 1 x LİMON, İKİSİNE KESİLMİŞ
- 1 x TUTMAK İÇİN TUZ VE BİBER

a) Küçük bir kapta, yağ ve limon suyunu karıştırın.
b) Biftekleri dar bir tavaya koyun ve üzerine yağ dökün.
c) 1 saat oda sıcaklığında bekletin.
d) Biftekleri ızgara tepsisindeki bir rafa yerleştirin. tavayı ısıdan 3 inç uzağa yerleştirin.
e) Her iki tarafta 5 dakika veya kesildiğinde istenen beğeniye ulaşana kadar kızartın.
f) Bir kesme tahtasına aktarın ve ince dilimleyin.
g) Dilimlerin üzerine limon sıkın ve tuz ve karabiberle tatlandırın.

51. Mantarlı tavada kızartılmış new york striptiz bifteği

Yapar: 1 porsiyon

İÇİNDEKİLER:
4 6 ons New York Şerit Biftek
3 + 2 yemek kaşığı. Tuzsuz tereyağı
½ Jumbo sarı soğan; doğranmış ½ inç
¾ pound Dilimlenmiş Portabella mantarları
2 yemek kaşığı Un
Tatmak için tuz ve karabiber
½ su bardağı ılık krema
½ su bardağı Scotch
Bu tarif için 2 ayrı tavaya ihtiyacınız olacak.

a) Orta yüksek ateşte büyük bir tavada mantarları ve soğanları 3 yemek kaşığı soteleyin. eritilmiş tereyağı mantarlar yumuşayana kadar. Tuz ve karabiberle tatlandırın ve unla karıştırın. Ağır kremayı karışıma dökün ve iyice karıştırın.
b) Sıcak bir yerde kenara koyun.
c) İkinci bir tavada kalan 2 yemek kaşığı tereyağını eritin ve yüksek ateşte ısıtın. Biftekleri tuz ve karabiberle çeşnilendirin ve az pişmiş olması için her bir tarafını 2½ ila 3 dakika kızartın ve istediğiniz her ilave pişme derecesi için pişirme süresini her bir tarafı için ½ dakika artırın.
d) Biftekleri tavadan çıkarın ve bir tabağa veya ayrı ayrı düzenleyin.
e) Viskiyi tava damlacıklarına ekleyin ve 1-2 dakika kaynatın, mantar sosuna karıştırın.
f) Bifteklerin üzerine dökün ve hemen servis yapın. Fazla sosu geçmek için bir kasede servis edin.

52. New York şerit biftek

Yapar: 6 porsiyon

İÇİNDEKİLER:
Her biri yaklaşık 1 inç kalınlığında 3 New York şerit bifteği
¼ su bardağı Teriyaki Marinade & Sos (Lite, Kikkoman)
1 diş sarımsak; kıyılmış
⅛ çay kaşığı Karabiber

Bifteklerdeki yağı kesin; biftekleri hafif teriyaki sos, sarımsak ve biber karışımıyla büyük bir plastik torbaya koyun. Torbadan hava basın; üstünü güvenli bir şekilde kapatın. 45 dakika marine edin; çantayı bir kez ters çevirin.

Turşuyu ayırın, ızgara biftekleri her iki tarafta yaklaşık 5 dakika (nadiren) veya arzu edilen pişme derecesine kadar, ara sıra ayrılmış turşuyla fırçalayın.

53. Sarımsaklı badem soslu şerit biftekler

Yapar: 4 porsiyon

İÇİNDEKİLER:
1 büyük Rus patates, soyulmuş, dilimlenmiş
¾ fincan Şeritli badem
3 yemek kaşığı taze limon suyu
3 büyük diş sarımsak
½ çay kaşığı Tuz
¼ çay kaşığı Biber
¾ bardak Tavuk suyu veya konserve az tuzlu et suyu
¼ su bardağı zeytinyağı
4 büyük Rus patates, soyulmuş, uzunlamasına dörde bölünmüş
3 yemek kaşığı Artı ½ C zeytinyağı
3 yemek kaşığı taze limon suyu
1 diş sarımsak, kıyılmış
1 çay kaşığı Kıyılmış taze kekik veya 1/4 t kurutulmuş
4 8 ila 10 oz New York şerit biftek (yaklaşık 1 inç kalınlığında)

a) SOSU İÇİN: Patates dilimlerini kaynar tuzlu suda yumuşayana kadar yaklaşık 15 dakika pişirin. Boşaltmak; patates dilimlerini işlemciye aktarın. Badem, limon suyu, sarımsak, tuz ve karabiberi ekleyip püre haline getirin. Makine çalışırken, yavaş yavaş stok ve yağı karıştırın.

b) Sosu kaseye aktarın ve soğutun (sos koyulaşacaktır). (2 saat önceden hazırlanabilir. Üzerini örtün ve oda sıcaklığında bekletin.) PATATES İÇİN: Fırını 500'F'ye ısıtın. Patatesleri büyük bir tencerede tuzlu suda 6 dakika haşlayın. Boşaltmak. Buzlu su kasesine aktarın ve soğutun. Süzün ve kurulayın. Kızartma tavasına patatesleri yerleştirin.

c) Üzerine 3 T yağ gezdirin ve kaplamak için atın. Tuz ve karabiber serpin.

d) Patatesler yumuşayana kadar yaklaşık 30 dakika kızartın.

e) Bu sırada ızgarayı (orta yüksek ısıda) hazırlayın veya ızgarayı önceden ısıtın. Kalan ½ C yağı, limon suyunu, sarımsağı ve kekiği küçük bir kapta çırpın.

f) Biftekleri tuz ve karabiberle tatlandırın. Orta-az pişmiş için her bir tarafta yaklaşık 4 dakika olmak üzere arzu edilen pişme derecesine kadar ızgara yapın veya kavurun.

g) Patatesleri yağ ve limon suyu karışımı ile büyük bir kapta atın. Biftekleri tabaklara paylaştırın. Patates ve oda sıcaklığında sos ile servis yapın.

YUVARLAK BİFTEK

54. Fırında Yuvarlak Biftek

2 kutu kremalı mantar çorbası
½pkg. kuru soğan çorbası karışımı
1 büyük yuvarlak biftek
½ su bardağı et suyu

Fırını 300 dereceye ısıtın. Orta boy bir kapta çorba, soğan çorbası karışımı ve et suyunu karıştırın.
Yuvarlak bifteği bir güveç kabına koyun ve çorba karışımını bifteğin üzerine dökün. Yaklaşık 3 saat pişirin.
Pirinç, erişte ile servis yapın

55. Çin Biberli Biftek

2 lbs yuvarlak biftek, 2 inç uzunluğunda ince şeritler halinde kesilmiş
4 yemek kaşığı zeytinyağı
2 diş sarımsak, kıyılmış
2 çay kaşığı tuz
2 su bardağı et suyu
2 yeşil biber, ince şeritler halinde dilimlenmiş
2 bardak kereviz, ince dilimlenmiş
2 soğan, ince dilimlenmiş
1 kutu Coca-Cola-
3 domates, her biri 8 dilime bölünmüş ½ kutu Coca-Cola
4 yemek kaşığı mısır nişastası
2 yemek kaşığı teriyaki sosu
Pakete göre pişirilmiş 8 porsiyon pirinç

Yağı Hollanda fırınında ısıtın ve et ve sarımsağı kahverengileştirin. Üzerine et suyunu ekleyin ve 15 dakika pişirin. Yeşil biber, kereviz, soğan ve Kola ile karıştırın. Örtün ve 5 dakika pişirin. Sebzeleri fazla pişirmeyin. Domatesleri yavaşça karışıma karıştırın. Mısır nişastasını ½ bardak Kola ve teriyaki sosuyla karıştırın. Sos kalınlaşana kadar et karışımına karıştırın. Sıcak pirinç üzerinde servis yapın.

56. Crockpot İsviçre Bifteği

1½ pound. dana yuvarlak biftek, ¾ inç kalınlığında kesilmiş
3 çay kaşığı un
1 çay kaşığı tuz
1 çay kaşığı kuru hardal
1 çay kaşığı karabiber
1 çay kaşığı sarımsak tozu
2 çay kaşığı kısaltma
1 (16 ons) kutu domates
1 küçük soğan, dilimlenmiş
1 sap kereviz, dilimlenmiş
2 orta boy havuç, dilimlenmiş
1 çay kaşığı Worcestershire sosu
1/4 su

Eti güveç kabınıza sığacak şekilde parçalara ayırın. Un, tuz, hardal, karabiber ve sarımsak tozunu birleştirin. Un karışımından 2 yemek kaşığı etin içine dökün. Eti kısalmada her iki tarafta kızartın. Eti kızarttıktan sonra güveç kabına aktarın. Kalan unu tavada tava damlacıklarına karıştırın. Kalan MALZEMELERİ ilave edin: ve kalın ve kabarcıklı olana kadar pişirin. Güveçteki etin üzerine dökün. 8 ila 10 saat kısık ateşte pişirin. Sıcak pişmiş erişte veya pilav ile servis yapın.

57. Brokoli veya Karnabahar Pilavlı Sığır Eti

Yapar: 2

İÇİNDEKİLER:
- 1 pound çiğ dana yuvarlak biftek, şeritler halinde kesilmiş
- 1 yemek kaşığı + 2 çay kaşığı düşük sodyumlu soya sosu
- 1 Splenda paketi
- ½ Bardak su
- 1 ½ Bardak brokoli çiçeği
- 1 çay kaşığı susam veya zeytinyağı
- 2 su bardağı pişmiş, rendelenmiş karnabahar veya dondurulmuş karnabahar

TALIMATLAR:
a) Bifteği soya sosuyla karıştırın ve yaklaşık 15 dakika bekletin.
b) Yağı orta-yüksek ateşte ısıtın ve sığır etini 3-5 dakika veya kızarana kadar karıştırarak kızartın.
c) Tavadan çıkarın.
d) Brokoli, Splenda ve suyu yerleştirin.
e) Örtün ve 5 dakika veya brokoli yumuşayana kadar ara sıra karıştırarak pişirin.
f) Sığır eti tekrar ekleyin ve iyice ısıtın.
g) Yemeği karnabahar pilavı ile servis edin.

58. Klasik Rozbif

6 ila 8 kişilik
1 (3 ila 4 kiloluk) üst yuvarlak veya göz yuvarlak dana rosto
Kaşar tuzu ve taze çekilmiş karabiber
2 yemek kaşığı sızma zeytinyağı
6 ila 8 diş sarımsak, soyulmamış
2 büyük dal biberiye
Süslemek için iri deniz tuzu
SOS
2 yemek kaşığı çok amaçlı un
2 su bardağı et suyu
2 yemek kaşığı oda sıcaklığında tuzsuz tereyağı; artı 2 yemek kaşığı soğutulmuş ve küp şeklinde doğranmış (isteğe bağlı)
2 arpacık soğan, kıyılmış
⅓ su bardağı kuru Marsala şarabı
1 yemek kaşığı kıyılmış taze düz yapraklı maydanoz
1 yemek kaşığı kırmızı şarap sirkesi
Kızarmış Havuç ve Yaban havucu, servis için (isteğe bağlı)

1. Sığır eti baharatlayın. Pişirmeden yaklaşık 3 saat önce, sığır etinin her tarafını tuz ve karabiberle cömertçe baharatlayın. Birkaç kat plastik sargıyla sıkıca sarın. 1 saat 30 dakika buzdolabında bekletin. Buzdolabından çıkarın ve 1 saat 30 dakika oda sıcaklığında bekletin.
2. Sığır eti bağlayın. Fırının ortasına bir raf yerleştirin ve fırını 325 ° F'ye ısıtın. Sığır eti paketinden çıkarın ve plastik ambalajı atın. Kağıt havluyla hafifçe vurarak kurulayın. 6 ila 8 uzun parça (yaklaşık 16 inç) kasap ipi kesin. Sığır etinin ortasını bir sicimin üzerine yerleştirin. Bir düğüm ile sıkıca bağlayın. Sığır eti 1 inç aralıklarla bağlamaya devam edin. Sığır etinin uzunluğu boyunca bağlamak için bir parça daha sicim kesin. Bağlı sığır eti sıkı bir silindir olmalıdır. Fazla sicimi kesin.
3. Sığır eti kızartın. Sığır eti zeytinyağı ile gezdirin; iyice kaplamak için ovalayın. Tekrar tuz ve karabiberle tatlandırın. Bir sac tavada ayarlanmış bir tel rafa aktarın. Sığır etinin etrafına sarımsak ve biberiyeyi yerleştirin. Etin ortasına yerleştirilen anında okunan bir termometre 130 ° F (orta için) kaydedene kadar 70 ila 80 dakika kızartın. Fırından çıkarın. Biberiye ve sarımsağı atın. 45 dakika tel

ızgara üzerinde dinlendirin. Sığır eti bir kesme tahtasına aktarın, tavada kızartılmış parçaları (sevgili) ve meyve sularını bırakın.

4. Sosu başlatın. Sac tavayı set üstü ocağın üzerine yerleştirin ve orta derecede ısıtın. Tepsideki damlamaların üzerine unu serpin. Fondöteni sıyırmak ve unu damlacıklara bulamak için sürekli çırpın. 1 su bardağı et suyu ekleyin ve tüm hamur bitene kadar çırpmaya devam edin. Ateşten alın ve bir kenara koyun.

5. Sosu bitirin. Küçük bir tencerede, 2 yemek kaşığı oda sıcaklığındaki tereyağını orta ateşte eritin. Arpacık ekleyin. Ara sıra karıştırarak arpacık soğanları yumuşayana ve hoş kokulu olana kadar 2 ila 3 dakika pişirin. Şarabı, kalan 1 su bardağı suyu ve tepsideki un-stok karışımını ekleyin. Ara sıra karıştırarak, hacmi yaklaşık yarıya düşene kadar 3 ila 4 dakika pişirin. Daha zengin bir sos istiyorsanız, 2 yemek kaşığı soğutulmuş, küp doğranmış tereyağını azar azar ekleyin ve iyice birleşip parlaklaşana kadar 3 ila 5 dakika sürekli çırpın. Maydanoz ve sirkeyi karıştırın. Tuz ve karabiber serpin. Ateşten alın ve servis yapmaya hazır olana kadar ılık bir yerde bekletin.

6. Eti dilimleyin ve servis edin. Sicimi sığır etinden kesin ve atın. Etleri yarım santim kalınlığında dilimleyin ve servis tabağına alın. Sosu etin üzerine kaşıkla dökün veya yanında servis yapın. Yanında havuç ve yaban havucu ile servis yapmadan hemen önce dana eti deniz tuzu serpin.

DANA BONFİLE

59. Bernaise Soslu Dana Bonfile

- 2 pound Bütün sığır filetosu veya 2 pound fileto mijon Kosher tuzu
- İri öğütülmüş karabiber
- Sebze yağı

a) Fırını 500 dereceye ısıtın.
b) Sığır eti kurulayın. Tuz ve karabiber sığır eti. Tavaya 2 yemek kaşığı bitkisel yağ ekleyin ve dana bonfile veya fileto mijon bifteklerin her tarafını kızartın.
c) Tepsiye dizip arzu edilen kıvama gelene kadar kavurun. Eti 20 dakika dinlendirin. 4-6 oz dilimler halinde dilimleyin. 4-5 kişiye hizmet verir

60. İrmik ve Grillades

6 SERVİS YAPIYOR

1 (3 kiloluk) sığır eti veya dana yuvarlak biftek, yaklaşık 1/4 inç kalınlığa kadar dövülmüş
Tat vermek için tuz ve taze çekilmiş karabiber
1 fincan çok amaçlı un
¾ fincan bitkisel yağ, bölünmüş
1 büyük soğan, doğranmış
1 yeşil dolmalık biber, doğranmış
1 demet yeşil soğan, doğranmış, yeşil ve beyaz kısımları ayrılmış
3 diş sarımsak, kıyılmış
1 büyük domates, doğranmış
1 yemek kaşığı domates salçası
½ bardak kırmızı şarap
3 su bardağı su
1 çay kaşığı kırmızı şarap sirkesi
½ çay kaşığı kuru kekik
1 yemek kaşığı Worcestershire sosu
Tatlandırmak için tuz, taze çekilmiş karabiber ve Creole baharatı
3 yemek kaşığı kıyılmış düz yapraklı maydanoz
6 kişilik irmik, paketteki talimatlara göre pişirilir:

Sığır eti kabaca 2 × 3 inçlik parçalar halinde kesin. Her iki tarafı da tuz ve karabiberle bolca baharatlayın.

1/4 fincan yağı büyük, ağır bir tavada ısıtın ve unu sığ bir kaseye veya tabağa koyun. Her bir bifteği una bulayın, fazlasını silkeleyin ve her iki tarafını da kızartın. Eti kağıt havlulara aktarın.

Kalan yağı tavaya ekleyin ve soğanları, yeşil soğanların beyaz kısımlarını, dolmalık biberi ve sarımsağı yarı saydam olana kadar soteleyin. Domates, domates salçası, şarap, su, sirke, kekik, Worcestershire sosu ve eti ekleyin ve tuz, karabiber ve Creole baharatı ekleyin. kaynatın. Isıyı azaltın, örtün ve et yumuşayana kadar yaklaşık 1 ½ saat pişirin. Maydanoz ve yeşil soğan üstlerini ekleyin ve irmik üzerinde servis yapın.

61. Sığır eti teriyaki

Yapar: 6 Porsiyon

İÇİNDEKİLER:
- 1½ kilo dana bonfile
- ½ su bardağı Soya sosu
- ¼ fincan Kuru şeri
- 2 yemek kaşığı şeker
- 2 çay kaşığı Kuru hardal
- 4 diş sarımsak, kıyılmış

TALIMATLAR:
a) Sığır eti kısmen dondurun. Tahıl boyunca ince bir şekilde lokma büyüklüğünde şeritler halinde ayırın. Soya sosu, şarap, şeker, hardal ve sarımsağı karıştırın; dana eti ekleyin ve oda sıcaklığında 15 dakika dinlendirin.

b) Et şiş, akordeon usulü, küçük şişler üzerinde. Gazlı ızgaranın her iki tarafını da 10 dakika boyunca YÜKSEK olarak önceden ısıtın.

c) Şişleri ızgaralara yerleştirin; Başlığı kapatın ve 5 ila 7 dakika veya et pişene kadar pişirin, döndürün ve sık sık tuzlu suyla doldurun.

62. Karabiber Dana Tavada Kızartma

İÇİNDEKİLER:
- 1 yemek kaşığı istiridye sosu
- 1 yemek kaşığı Shaoxing pirinç şarabı
- 2 çay kaşığı mısır nişastası
- 2 çay kaşığı hafif soya sosu
- öğütülmüş beyaz biber
- ¼ çay kaşığı şeker
- ¾ pound dana bonfile uçları veya sığır filetosu uçları, 1 inçlik parçalar halinde kesin
- 3 yemek kaşığı bitkisel yağ
- Her biri yaklaşık çeyrek büyüklüğünde 3 soyulmuş taze zencefil dilimi
- koşer tuzu
- 1 adet yeşil dolmalık biber, ½ inç genişliğinde şeritler halinde kesilmiş
- 1 küçük kırmızı soğan, ince şeritler halinde dilimlenmiş
- 1 çay kaşığı taze çekilmiş karabiber veya tatmak için daha fazlası
- 2 çay kaşığı susam yağı

TALIMATLAR::

Bir karıştırma kabında istiridye sosu, pirinç şarabı, mısır nişastası, hafif soya, bir tutam beyaz biber ve şekeri karıştırın. Sığır eti kaplayın ve 10 dakika marine edin.

Wok tavayı orta-yüksek ateşte bir damla su cızırdayana ve temas ettiğinde buharlaşana kadar ısıtın. Wok tavasının tabanını kaplamak için bitkisel yağı dökün ve döndürün. Zencefil ve bir tutam tuz ekleyin. Zencefili hafifçe döndürerek yaklaşık 30 saniye yağda cızırdamaya bırakın.

Maşa kullanarak, sığır etini wok'a aktarın ve kalan turşuyu atın. Wok'a karşı 1 ila 2 dakika veya kahverengi, katılaşmış bir kabuk oluşana kadar kızartın. Sığır eti çevirin ve diğer tarafta 2 dakika daha kızartın. Wok tavasında 1 ila 2 dakika daha karıştırın, fırlatın ve çevirin, ardından sığır etini temiz bir kaseye aktarın.

Dolmalık biber ve soğanı ekleyin ve 2 ila 3 dakika veya sebzeler parlak ve yumuşak görünene kadar karıştırarak kızartın. Sığır eti wok'a geri koyun, karabiber ekleyin ve 1 dakika daha karıştırarak kızartın.

Zencefili atın, bir tabağa alın ve üzerine susam yağı gezdirin. Sıcak servis yapın.

63. Arpacık Soğanlı Dana Bonfile

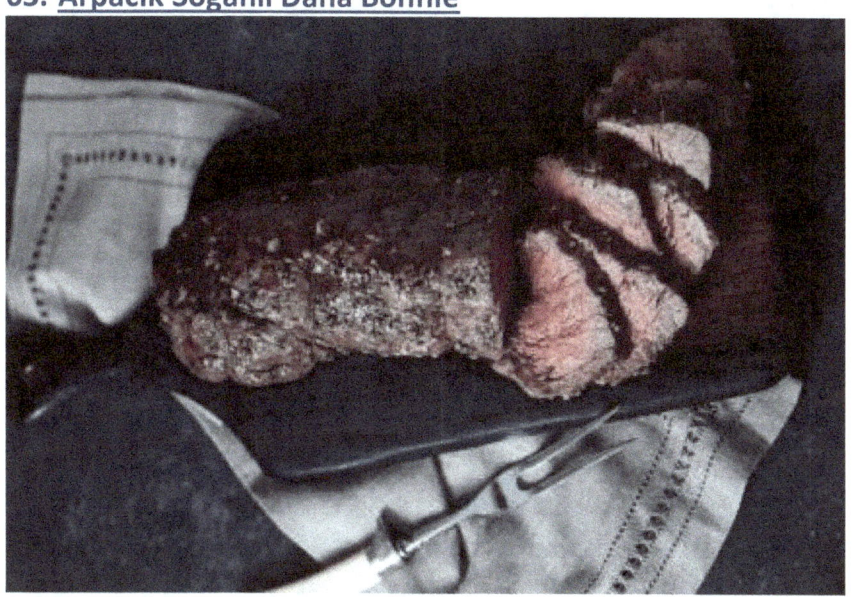

İÇİNDEKİLER:
- ¾ pound arpacık, uzunlamasına yarıya
- 1-½ yemek kaşığı zeytinyağ veya avokado yağ
- tatmak için biber ve tuz
- 3 su bardağı et suyu
- ¾ fincan kırmızı şarap
- 1-½ çay kaşığı domates salçası
- 2 kilo dana bonfile kızartma, kesilmiş
- 1 çay kaşığı kuru kekik
- 3 yemek kaşığı Hindistan cevizi yağ
- 1 yemek kaşığı badem un

TALIMATLAR:

a) Fırını 375 derece F'ye ısıtın. Arpacık soğanlarını zeytinyağıyla fırın tepsisine alın ve tuz ve karabiberle tatlandırın. Arpacık soğanları yumuşayana kadar, ara sıra karıştırarak, yaklaşık yarım saat kadar kavurun.

b) Şarap ve et suyunu bir sos tavasında birleştirin ve kaynatın. Yüksek ateşte pişirin. Hacim yarı yarıya azaltılmalıdır. Domates salçasına ekleyin. Kenara koyun.

c) Sığır eti kurulayın ve üzerine tuz, kekik ve karabiber serpin. Hindistan cevizi yağı ile yağlanmış tavaya eti ekleyin. Yüksek ateşte her tarafı kahverengi.

d) Tavayı tekrar fırına koyun. Orta pişmiş için yaklaşık yarım saat dana rosto. Sığır eti tabağa aktarın. Folyo ile gevşek bir şekilde örtün.

e) Tavayı ocağın üstüne alın ve et suyu karışımını ekleyin. Kızarmış parçaları sıyırmak için kaynatın ve karıştırın. Farklı bir tencereye aktarın ve kaynamaya bırakın. 1 ½ yemek kaşığı hindistancevizi yağı ve unu küçük bir kapta karıştırın ve karıştırın. Et suyunu çırpın ve sos kalınlaşana kadar pişirin. Kavrulmuş arpacık soğanı karıştırın. Tuz ve karabiber serpin.

f) Sığır eti 1/2-inç kalınlığında dilimler halinde kesin. Üzerine biraz sos gezdirin.

64. Izgara dana prosciutto salatası

Yapar: 1 Porsiyon

İÇİNDEKİLER:
- ½ su bardağı zeytinyağı
- 3 diş sarımsak; iri doğranmış
- 4 dal biberiye
- 8 ons; dana bonfile
- Tuz ve taze çekilmiş karabiber
- 2 Limon; ızgara
- 1 yemek kaşığı İri doğranmış arpacık
- 1 yemek kaşığı iri doğranmış taze biberiye
- 3 Diş ızgara sarımsak
- ½ su bardağı zeytinyağı
- Tuz ve taze çekilmiş karabiber
- 8 bardak doğranmış marul
- Izgara Limonlu Izgara Sarımsaklı Vinaigrette
- 8 parça Prosciutto; julienned
- 12 Taze Soğan; ızgara ve doğranmış
- 2 Kırmızı domates; doğranmış
- 2 Sarı domates; doğranmış
- 1½ su bardağı Ufalanmış Gorgonzola
- Izgara Dana Bonfile; doğranmış
- 4 Sert pişmiş yumurta; soyulmuş ve doğranmış
- 2 Haas avokado; soyulmuş, çekirdeksiz
- Frenk soğanı
- 8 diş ızgara sarımsak
- 2 çubuk tuzsuz tereyağı; yumuşatılmış
- Tuz ve taze çekilmiş karabiber
- 16 parça İtalyan ekmeği; Bölünmüş 1/4-inç
- ¼ su bardağı ince kıyılmış maydanoz
- ¼ su bardağı ince doğranmış kekik

TALIMATLAR:

a) Küçük, sığ bir pişirme kabında yağ, sarımsak ve biberiyeyi karıştırın. Sığır eti ekleyin ve kaplamak için karıştırın. Örtün ve en az 2 saat veya gece boyunca soğutun. Izgara yapmadan önce 30 dakika oda sıcaklığında bekletin.

b) Izgarayı ısıtın. Sığır etini salamuradan çıkarın, tadına bakmak için tuz ve karabiber ekleyin ve orta derecede az pişmiş olması için her iki tarafını 4 ila 5 dakika ızgara yapın.

DÜZ DEMİR Biftek

65. Domatesli Izgara Flatiron Biftek

- 2 kilo yassı demir, yan, askı veya etek biftek Kosher tuzu
- 1 portakalın kabuğu ve suyu 1/4 su bardağı ince dilimlenmiş arpacık
- 2 yemek kaşığı kıyılmış taze kekik
- 2 yemek kaşığı kıyılmış sarımsak
- 2 yemek kaşığı füme kırmızı biber
- 2 yemek kaşığı bitkisel yağ
- 1 yemek kaşığı öğütülmüş kırmızı biber gevreği
- 1/4 "kalınlığında dilimlenmiş 4 büyük domates (yaklaşık 3 pound)
- 1 arpacık soğan, ince halkalar halinde dilimlenmiş
- 1/4 su bardağı (gevşek paketlenmiş) düz yapraklı maydanoz yaprağı
- 1 yemek kaşığı zeytinyağı artı gezdirmek için daha fazlası
- Gevrek deniz tuzu ve taze çekilmiş karabiber
- 1 demet su teresi, sert sapları alınmış (yaklaşık 4 su bardağı)
- 1 yemek kaşığı taze limon suyu
- tapenade

biftek için:
a) Biftekleri büyük bir fırın tepsisine koyun ve bol miktarda tuz ekleyin. Portakal kabuğu rendesi ve suyunu ve kalan 6 MALZEMEYİ küçük bir kapta karıştırın. Karışımı bifteğin her iki tarafına eşit şekilde yayın ve oda sıcaklığında 1 saat marine edin.
b) Kömür ızgarasında orta ateşte ateş açın veya gazlı ızgarayı yüksek derecede ısıtın. Orta-az pişmiş için her bir tarafı yaklaşık 5 dakika güzelce kömürleşene kadar bir kez çevirerek ızgara bifteği. Bir oyma tahtasına aktarın ve 5-10 dakika dinlendirin.

domates için:
c) Servis tabağına domatesleri dizin. Arpacık soğanı ve maydanozu üzerine serpin; yağ gezdirin ve tuz ve karabiber ekleyin. Orta boy bir kapta, su teresini 1 yemek kaşığı yağ ve limon suyuyla karıştırın. Su teresini tuzla tatlandırın.
d) Tepside höyük su teresi. Biftekleri tahıla karşı dilimleyin; domates ve su teresi ile tabağa aktarın.
e) Bonfile üzerine kaşıkla tapenade koyun ve yanında servis yapın.

66. Carnitas Usulü Izgara Sığır Taco

Yapar: 6 porsiyon

İÇİNDEKİLER:

g) 4 sığır Yassı Demir Biftek (her biri yaklaşık 8 ons)

h) 18 küçük mısır ekmeği (6 ila 7 inç çapında)

SOSU:

i) Kıyılmış beyaz soğan, doğranmış taze kişniş, limon dilimleri

MARİNA:

j) 1 su bardağı hazır tomatillo salsa

k) ⅓ su bardağı kıyılmış taze kişniş

l) 2 yemek kaşığı taze limon suyu

m) 2 çay kaşığı kıyılmış sarımsak

n) ½ çay kaşığı tuz

o) ¼ çay kaşığı biber

p) 1-½ bardak hazırlanmış tomatillo salsa

q) 1 büyük avokado, doğranmış

r) ⅔ fincan kıyılmış taze kişniş

s) ½ su bardağı kıyılmış beyaz soğan

t) 1 yemek kaşığı taze limon suyu

u) 1 çay kaşığı kıyılmış sarımsak

v) ½ çay kaşığı tuz

TALIMATLAR:

a) Marine suyunu birleştirin İÇİNDEKİLER: küçük bir kapta. Sığır biftelerini ve marineyi gıdaya uygun plastik torbaya koyun; biftekleri kaplamak için çevirin. Torbayı sıkıca kapatın ve buzdolabında 15 dakika ila 2 saat arasında marine edin.

b) Biftekleri turşudan çıkarın; turşuyu atın. Biftekleri orta, kül kaplı kömürlerin üzerine yerleştirin. Izgara, üstü kapalı, orta az pişmiş (145°F) ila orta (160°F) arası pişme için 10 ila 14 dakika, ara sıra çevirerek.

c) Bu arada avokado salsa'yı MALZEMELER: orta boy bir kapta birleştirin. Kenara koyun.

d) Ekmeği ızgaraya yerleştirin. Isınana ve hafifçe kömürleşene kadar ızgara yapın. Kaldırmak; sıcak tut

e) Biftekleri dilimler halinde kesin. Ekmeği avokado salsa ile servis yapın. İsteğe göre soğan, kişniş ve misket limonu dilimleri ile süsleyin.

67. susamlı dana eti

İÇİNDEKİLER:

1 yemek kaşığı hafif soya sosu
2 yemek kaşığı susam yağı, bölünmüş
2 çay kaşığı mısır nişastası, bölünmüş
¼ inç kalınlığında şeritler halinde kesilmiş 1 kiloluk askı, etek veya yassı demir biftek
½ su bardağı taze sıkılmış portakal suyu
½ çay kaşığı pirinç sirkesi
1 çay kaşığı sriracha (isteğe bağlı)
1 çay kaşığı açık kahverengi şeker
koşer tuzu
Taze çekilmiş karabiber
3 yemek kaşığı bitkisel yağ, bölünmüş
Her biri yaklaşık çeyrek büyüklüğünde 4 soyulmuş taze zencefil dilimi
1 küçük sarı soğan, ince dilimlenmiş
3 diş sarımsak, kıyılmış
Süslemek için ½ yemek kaşığı beyaz susam

TALIMATLAR:

Büyük bir kapta hafif soya, 1 yemek kaşığı susam yağı ve 1 çay kaşığı mısır nişastasını mısır nişastası eriyene kadar karıştırın. Sığır eti ekleyin ve marine ile kaplayın. Sosu hazırlarken 10 dakika marine olması için bir kenara bırakın.

Bir cam ölçü kabında portakal suyunu, kalan 1 çorba kaşığı susam yağını, pirinç sirkesini, sriracha (kullanılıyorsa), esmer şekeri, kalan 1 çay kaşığı mısır nişastasını ve birer tutam tuz ve karabiberi karıştırın. Mısır nişastası eriyene kadar karıştırın ve bir kenara koyun. Wok tavayı orta-yüksek ateşte bir damla su cızırdayana ve temas ettiğinde buharlaşana kadar ısıtın. Wok'un tabanını kaplamak için 2 yemek kaşığı bitkisel yağ dökün ve döndürün. Zencefil ve bir tutam tuz ekleyerek yağı baharatlayın. Zencefili hafifçe döndürerek yaklaşık 30 saniye yağda cızırdamaya bırakın.

Maşa kullanarak, sığır etini wok'a aktarın ve turşuyu atın. Parçaları wok'ta 2 ila 3 dakika kavurun. Diğer tarafta 1 ila 2 dakika daha kızartmak için çevirin. 1 dakika daha wok tavada hızlıca çevirerek ve karıştırarak kızartın. Temiz bir kaseye aktarın.

Kalan 1 çorba kaşığı bitkisel yağı ekleyin ve soğanı atın. Soğan yarı saydam görünene kadar, ancak dokuda hala sağlam olana kadar 2 ila 3 dakika boyunca bir wok spatula ile soğanı fırlatıp çevirerek hızlıca karıştırın. Sarımsak ekleyin ve 30 saniye daha karıştırın.

Sosu çevirin ve sos koyulaşmaya başlayana kadar pişirmeye devam edin. Sığır eti ve soğan sosla kaplanacak şekilde fırlatıp çevirerek sığır etini wok'a geri koyun. Tuz ve karabiberle tatlandırın.

Bir tabağa aktarın, zencefili atın, susam serpin ve sıcak servis yapın.

68. Balzamik Biberiye Yassı Demir Biftek

4 KİŞİLİK

İÇİNDEKİLER:
- 2 dal taze biberiye
- 2 diş sarımsak
- 2 orta boy yeşil soğan
- 2 yemek kaşığı zeytinyağı
- 1 yemek kaşığı balzamik sirke
- 1 yemek kaşığı soya sosu
- 1 çay kaşığı Dijon hardalı
- ¾ çay kaşığı koşer tuzu
- ½ çay kaşığı taze çekilmiş karabiber
- ½ çay kaşığı füme kırmızı biber
- ½ çay kaşığı öğütülmüş kişniş
- 1 (1 1/4- ila 1 1/2-pound) yassı demir biftek
- 2 yemek kaşığı kanola gibi nötr yemeklik yağ

TALIMATLAR:

a) Aşağıdakileri hazırlayın, tamamlarken her birini fermuarlı bir galonluk torbaya ekleyin: 2 taze biberiye dalının yapraklarını 2 çay kaşığı olana kadar toplayın ve 2 diş sarımsağı kabaca doğrayın, ezin ve soyun, 2 orta boy taze soğanı kesin ve 1'e bölün. inç uzunlukları.

b) 2 yemek kaşığı zeytinyağı, 1 yemek kaşığı balzamik sirke, 1 yemek kaşığı soya sosu, 1 çay kaşığı Dijon hardalı, ¾ çay kaşığı kaşar tuzu, ½ çay kaşığı karabiber, ½ çay kaşığı tütsülenmiş kırmızı biber ve ½ çay kaşığı öğütülmüş kişniş ekleyin ve karıştırın. 1 yassı demir biftek ekleyin, havayı çıkarmak için bastırın ve torbayı kapatın. Bifteği marine ile kaplamak için masaj yapın. Bir tabağa koyun ve en az 4 saat ve bir geceye kadar buzdolabında saklayın.

c) Biftekleri marinattan çıkarın ve kağıt havlularla kurulayın. 2 yemek kaşığı nötr yemeklik yağı büyük bir tavada orta-yüksek ateşte parıldayana kadar ısıtın. Biftek ekleyin ve altta altın-kahverengi bir kabuk oluşana kadar tavayı yarı yolda 90° döndürerek toplamda 4 ila 5 dakika pişirin. Biftek çevirin ve ikinci tarafı kızartmayı tekrarlayın.

d) Sıcaklığı orta dereceye düşürün. Bifteği çevirin ve bifteğin en kalın kısmı orta pişmiş için 125 ° F ila 130 ° F, 4 ila 6 dakika daha kaydedene kadar her 1 ila 2 dakikada bir çevirerek pişirmeye devam edin.

e) Bifteği temiz bir kesme tahtasına aktarın ve 5 dakika dinlendirin. Hizmet etmek için tahıl boyunca dilimleyin.

69. Tavada Kızartılmış Yassı Demir Biftek

4 porsiyon yapar

İÇİNDEKİLER:
- 1 (1-lb.) yassı demir biftek
- 2 çay kaşığı Montreal bifteği çeşnisi
- ¼ çay kaşığı koşer tuzu
- 1 yemek kaşığı bitkisel yağ

TALIMATLAR:
a) Biftek baharatı ve tuzla eşit şekilde ovun.

b) Orta-yüksek ateşte büyük bir tavada sıcak yağda her iki tarafta 4 ila 5 dakika veya istenen pişme derecesine kadar pişirin. 5 dakika bekletin. Tahıl boyunca çapraz olarak ince şeritler halinde kesin.

FLANK-STEAK/BAVETTE

70. Izgara andouille sosis nağmeleme

Yapar: 1 porsiyon

İÇİNDEKİLER:
- 2 çay kaşığı zeytinyağı
- ½ pound Andouille sosisi
- ½ su bardağı İnce Doğranmış Soğan
- ½ pound Maytag mavi peynir
- 1 pound Yan biftek; 4'e bölün
- Öz
- boğulmuş patates
- 1 yemek kaşığı İnce Doğranmış taze maydanoz
- 1 yemek kaşığı zeytinyağı
- 1 su bardağı ince doğranmış soğan
- Tuz
- Taze çekilmiş karabiber
- ¼ pound Ceviz yarımları
- 1 pound Yeni patates; dörde bölünmüş ve ızgara
- 2 çay kaşığı doğranmış sarımsak
- 2 su bardağı dana eti azaltma

TALIMATLAR:

a) Izgarayı ısıtın.
b) Her bir yan biftek parçasını iki plastik sargı arasına yerleştirin.
c) Bir yemek tokmağı kullanarak her bir bifteği yaklaşık ¼ inç kalınlığında dövün. Plastik ambalajı çıkarın ve atın.
d) Bifteğin her iki tarafını da esansla baharatlayın.
e) Her bir bifteğin üzerine eşit olarak 2 ons sosis karışımı dökün. Her bifteğin üzerine eşit olarak 2 ons peynir serpin. Bir uçtan başlayın, her bifteği sıkıca sarın ve jöle benzeri bir şekil oluşturun.
f) Her ruloyu üç kürdan ile sabitleyin.
g) Ruloları ızgaraya yerleştirin ve orta derecede az pişmiş olması için her tarafını 2 ila 3 dakika pişirin.
h) Izgaradan çıkarın ve dilimlemeden önce birkaç dakika dinlendirin.
i) Keskin bir bıçak kullanarak, her ruloyu ½ inçlik parçalara ayırın.
j) Servis yapmak için her bir tabağın ortasına patatesleri kaşıkla yerleştirin. Rulo parçalarını patateslerin etrafına yerleştirin. Maydanozla süsleyin.

71. Dana Bulgogi

Hazırlama Süresi: 10 dakika
Pişirme Süresi: 5 dakika
Yapar: 4 kişi

İÇİNDEKİLER:

- 2 ½ yemek kaşığı beyaz şeker
- 1 kiloluk gögüs biftek, ince dilimlenmiş
- ¼ fincan taze soğan, doğranmış
- 5 yemek kaşığı soya sosu
- 2 yemek kaşığı kıyılmış sarımsak
- ½ çay kaşığı öğütülmüş karabiber
- 2 yemek kaşığı susam yağı
- 2 yemek kaşığı susam

TALIMATLAR:

a) Eti alçak kenarlı bir tabağa koyun.
b) Şeker, sarımsak, soya sosu, susam tohumu ve yağı, yeşil soğan ve karabiber ile bir kapta karıştırın.
c) Sığır etinin üzerine gezdirin ve tabağı kapatın, ardından 60 dakika buzdolabında dinlendirin, ne kadar uzun olursa o kadar iyi, hatta bir gece buzdolabında.
d) Hazır olduğunuzda ızgarayı veya barbeküyü ısıtın ve ızgarayı yağlayın.
e) Sıcakken etin her iki tarafını 2 dakika ızgara yapın ve servis yapın.

72. Kore-Amerikan Marine Edilmiş Kanat Biftek

Yapar: 6 kişi

İÇİNDEKİLER:
- 1 soğan, kabaca doğranmış
- 4 diş sarımsak
- 2 ½ bardak düşük sodyum soya sosu
- 1 çay kaşığı kıyılmış taze zencefil
- ¼ fincan kızarmış susam yağı
- 2 yemek kaşığı baharatsız et yumuşatıcı
- 2 pound' dana göğüs biftek, kesilmiş
- 3 yemek kaşığı Worcestershire sosu
- 1 su bardağı beyaz şeker

TALIMATLAR:

a) Zencefili, sarımsağı ve soğanı bir karıştırıcıya koyun, şimdi susam yağı, şeker, soya sosu, yumuşatıcı ve Worcestershire'ı ekleyin, pürüzsüz olana kadar karıştırın.

b) Hazır olduğunuzda sosu Ziploc torbasına veya yoksa kaseye ekleyin.

c) Eti bir bıçakla çizin ve turşuya koyun, bir gece buzdolabında bırakın.

d) Dış ızgarayı ısıtın ve bifteği her iki tarafta 5-6 dakika veya isterseniz daha uzun süre pişirin.

e) Sert.

73. Tavada Izgara Biftek

Yapar: 8

İÇİNDEKİLER:
- ¼ su bardağı zeytinyağı
- 8 orta boy sarımsak, ezilmiş
- 1 parça (5 inç) taze zencefil, ince dilimlenmiş
- 1 yemek kaşığı bal
- 1½ pound göğüs biftek, kesilmiş
- tutam tuz
- tutam karabiber

TALIMATLAR:
a) Büyük, yeniden kapatılabilir bir torbada, tüm MALZEMELERİ birleştirin: biftek hariç.
b) Biftek ekleyin ve marine ile cömertçe fırçalayın.
c) Torbayı kapatın ve yaklaşık 24 saat buzdolabında marine etmeye bırakın.
d) Buzdolabından çıkarın ve yaklaşık 15 dakika oda sıcaklığında bekletin.
e) Hafifçe yağlanmış bir ızgara tavasını orta-yüksek ateşte ısıtın.
f) Biftekleri turşudan çıkarın ve bir ızgara tavasına koyun.
g) Her iki tarafta 6-8 dakika pişirin.
h) Bifteği dilimlemeden önce ızgaradan çıkarın ve 10 dakika bekletin.
i) Keskin bir bıçakla istediğiniz büyüklükte dilimler halinde kesin ve servis yapın.

74. Sırlı Yan Biftek

Yapar: 6

İÇİNDEKİLER:
- ½ su bardağı zeytinyağı (sızma)
- 2 diş sarımsak, ezilmiş
- 2 yemek kaşığı ararot unu
- 1½ pound göğüs biftek, kesilmiş ve dilimlenmiş
- 1 soğan, dilimlenmiş
- 1 çay kaşığı taze zencefil, kıyılmış
- ¼ çay kaşığı öğütülmüş kimyon
- 1/3 su bardağı çiğ bal
- ½ su bardağı ev yapımı et suyu
- ½ su bardağı hindistancevizi aminosu
- 2 yemek kaşığı taze limon suyu
- 5 yemek kaşığı kaju fıstığı
- 2 yemek kaşığı kıyılmış taze maydanoz
- TutamTuz
- Bir çimdik karabiber

TALIMATLAR:

a) Bir kasede ararot unu, tuz ve karabiberi birleştirin.
b) Sığır eti dilimlerini ararot unu karışımıyla eşit şekilde kaplayın.
c) Yaklaşık 10-15 dakika dinlenmeye bırakın.
d) Orta ateşte bir tavada 1 çorba kaşığı yağı ısıtın.
e) Soğanı yarı saydam olana kadar soteleyin.
f) Sarımsak, zencefil, kimyon ekleyin ve yaklaşık 1 dakika soteleyin.
g) Bal, et suyu ve hindistancevizi aminolarını ekleyin ve iyice karıştırın.
h) Isıyı yüksek seviyeye yükseltin ve düzenli olarak karıştırarak 3 dakika pişirin.
i) Sosu ocaktan alın ve bir tabağa soğumaya bırakın.
j) Orta-yüksek ateşte bir tavada kalan yağı ısıtın ve domuz dilimlerini 3-4 dakika kızartın.
k) Oluklu bir kaşık kullanarak, et dilimlerini boşaltmak için kağıt havlularla kaplı bir tabağa aktarın.
l) Aynı tavada kalan yağı orta ateşte ısıtın.
m) Sığır dilimlerini sote tavasına geri koyun ve orta-yüksek ateşte yaklaşık 2-3 dakika kavurun.
n) Ballı sosu ekledikten sonra 3 ila 5 dakika pişirin.
o) Limon suyunu ekledikten sonra ocaktan alın.
p) Kaju fıstığı ve maydanoz isteğe bağlı garnitürlerdir.

75. Sous Vide Moğol Sığır Eti

Yapar: 4

İÇİNDEKİLER:
- 2 çay kaşığı bitkisel yağ
- ½ çay kaşığı kıyılmış zencefil
- 1 yemek kaşığı kıyılmış sarımsak
- ½ su bardağı soya sosu
- ½ bardak su
- ¾ bardak koyu kahverengi şeker
- 1 kiloluk göğüs biftek
- 1/4 su bardağı mısır nişastası
- 2 yeşil soğan, dilimlenmiş

TALIMATLAR:
a) Anova'nızı 140F/65C'ye ayarlayın.
b) Bir tavayı orta ateşte ısıtın ve sarımsak, zencefil, soya sosu ve suyu ekleyin. Bir süre kaynamaya bırakın ve ardından kahverengi şekeri ekleyin. Sos hafifçe koyulaşana kadar karıştırın.
c) Bifteği şeritler halinde dilimleyin ve vakumlu bir torbaya koyun.
d) Sosu dana eti ve conta ile torbaya dökün.
e) Su banyosuna daldırın ve 1 saat pişirin.
f) Su banyosundan çıkarın ve dilimlenmiş yeşil soğan ve buğulanmış pilav ile servis yapın.

76. Domates ve Dana Tavada Kızartma

İÇİNDEKİLER:

- ¾ pound göğüs veya etek biftek, ¼ inç kalınlığında dilimler halinde tahıla göre kesin
- 1½ yemek kaşığı mısır nişastası, bölünmüş
- 1 yemek kaşığı Shaoxing pirinç şarabı
- koşer tuzu
- öğütülmüş beyaz biber
- 1 yemek kaşığı domates salçası
- 2 yemek kaşığı hafif soya sosu
- 1 çay kaşığı susam yağı
- 1 çay kaşığı şeker
- 2 yemek kaşığı su
- 2 yemek kaşığı bitkisel yağ
- Her biri yaklaşık çeyrek büyüklüğünde 4 soyulmuş taze zencefil dilimi
- 1 büyük arpacık, ince dilimlenmiş
- 2 diş sarımsak, ince kıyılmış
- Her biri 6 dilime bölünmüş 5 büyük domates
- 2 yeşil soğan, beyaz ve yeşil kısımları ayrılmış, ince dilimlenmiş

TALIMATLAR::

a) Küçük bir kapta dana etini 1 yemek kaşığı mısır nişastası, pirinç şarabı ve birer tutam tuz ve beyaz biberle karıştırın. 10 dakika kenara koyun.

b) Başka bir küçük kapta kalan ½ yemek kaşığı mısır nişastası, salça, hafif soya, susam yağı, şeker ve suyu karıştırın. Kenara koyun.

c) Wok tavayı orta-yüksek ateşte bir damla su cızırdayana ve temas ettiğinde buharlaşana kadar ısıtın. Wok tavasının tabanını kaplamak için bitkisel yağı dökün ve döndürün. Zencefil ve bir tutam tuz ekleyerek yağı baharatlayın. Zencefili hafifçe döndürerek yaklaşık 30 saniye yağda cızırdamaya bırakın.

d) Sığır eti wok'a aktarın ve pembeleşinceye kadar 3 ila 4 dakika karıştırarak kızartın. Arpacık soğanı ve sarımsağı ekleyin ve 1 dakika karıştırarak kızartın. Domatesleri ve yeşil soğan beyazlarını ekleyip karıştırarak kavurmaya devam edin.

e) Sosu ilave edin ve 1 ila 2 dakika veya sığır eti ve domatesler kaplanana ve sos hafifçe kalınlaşana kadar karıştırarak kızartmaya devam edin.

f) Zencefili atın, bir tabağa aktarın ve yeşil soğan yeşillikleri ile süsleyin. Sıcak servis yapın.

77. Moğol Bifteği

İÇİNDEKİLER:
- 2 yemek kaşığı Shaoxing pirinç şarabı
- 1 yemek kaşığı koyu soya sosu
- 1 yemek kaşığı mısır nişastası, bölünmüş
- ¾ pound göğüs biftek, taneye karşı ¼ inç kalınlığında dilimler halinde kesin
- ¼ bardak düşük sodyumlu tavuk suyu
- 1 yemek kaşığı açık kahverengi şeker
- 1 su bardağı bitkisel yağ
- 4 veya 5 bütün kurutulmuş kırmızı Çin biberi
- 4 diş sarımsak, iri kıyılmış
- 1 çay kaşığı soyulmuş ince kıyılmış taze zencefil
- ½ sarı soğan, ince dilimlenmiş
- 2 yemek kaşığı iri kıyılmış taze kişniş

TALIMATLAR::

a) Bir karıştırma kabında pirinç şarabı, koyu soya ve 1 yemek kaşığı mısır nişastasını karıştırın. Dilimlenmiş göğüs bifteğini ekleyin ve kaplayın. Bir kenara koyun ve 10 dakika marine edin.

b) Yağı bir wok içine dökün ve orta-yüksek ateşte 375°F'ye getirin. Bir tahta kaşığın ucunu yağa batırdığınızda yağın doğru sıcaklıkta olduğunu anlayabilirsiniz. Yağ etrafında kabarcıklar ve cızırtılar varsa, yağ hazırdır.

c) Sığır eti turşudan çıkarın, turşuyu ayırın. Sığır eti yağa ekleyin ve altın bir kabuk oluşana kadar 2 ila 3 dakika kızartın. Bir wok skimmer kullanarak, sığır etini temiz bir kaseye aktarın ve bir kenara koyun. Tavuk suyu ve esmer şekeri marine kasesine ekleyin ve birleştirmek için karıştırın.

d) Woktan 1 çorba kaşığı yağ hariç hepsini dökün ve orta-yüksek ateşte ayarlayın. Acı biber, sarımsak ve zencefili ekleyin. Aromatiklerin hafifçe dönerek yaklaşık 10 saniye yağda cızırdamasına izin verin.

e) Soğanı ekleyin ve 1 ila 2 dakika ya da soğan yumuşak ve yarı saydam olana kadar karıştırın. Tavuk suyu karışımını ekleyin ve birleştirmek için fırlatın. Yaklaşık 2 dakika pişirin, ardından sığır etini ekleyin ve her şeyi 30 saniye daha karıştırın.

f) Bir tabağa aktarın, kişniş ile süsleyin ve sıcak servis yapın.

78. Kereviz ve Havuçlu Sichuan Sığır Eti

İÇİNDEKİLER:

- 2 yemek kaşığı Shaoxing pirinç şarabı
- 1 yemek kaşığı koyu soya sosu
- 2 çay kaşığı susam yağı
- ¾ pound göğüs veya etek biftek, ¼ inç kalınlığında dilimler halinde tahıla göre kesin
- 1 yemek kaşığı hoisin sosu
- 2 çay kaşığı hafif soya sosu
- 2 çay kaşığı su
- 2 yemek kaşığı mısır nişastası, bölünmüş
- ¼ çay kaşığı Çin beş baharat tozu
- 2 yemek kaşığı bitkisel yağ
- 1 çay kaşığı Sichuan biberi, ezilmiş
- Her biri yaklaşık çeyrek büyüklüğünde 4 soyulmuş taze zencefil dilimi
- 3 diş sarımsak, hafifçe ezilmiş
- 3 inçlik şeritler halinde kesilmiş 2 kereviz sapı
- 1 büyük havuç, soyulmuş ve 3 inçlik şeritler halinde julienned
- 2 taze soğan, ince dilimlenmiş

TALIMATLAR::

a) Bir karıştırma kabında pirinç şarabı, koyu soya ve susam yağını karıştırın. Sığır eti ekleyin ve birleştirmek için fırlatın. 10 dakika kenara koyun. Küçük bir kasede kuru üzüm sosu, hafif soya, su, 1 yemek kaşığı mısır nişastası ve beş baharat tozunu birleştirin. Kenara koyun.

b) Wok tavayı orta-yüksek ateşte bir damla su cızırdayana ve temas ettiğinde buharlaşana kadar ısıtın. Wok tavasının tabanını kaplamak için bitkisel yağı dökün ve döndürün. Karabiber, zencefil ve sarımsak ekleyerek yağı baharatlayın. Aromatiklerin hafifçe dönerek yaklaşık 10 saniye yağda cızırdamasına izin verin.

c) Sığır etini kalan 1 çorba kaşığı mısır nişastasıyla kaplayın ve wok'a ekleyin. Sığır eti wok'un kenarına karşı 1 ila 2 dakika veya altın-kahverengi katılaşmış bir kabuk oluşana kadar kızartın. Diğer tarafta bir dakika daha çevirin ve kızartın. Sığır eti artık pembeleşene kadar yaklaşık 2 dakika daha fırlatıp çevirin.

d) Sığır eti wok'un kenarlarına taşıyın ve kereviz ve havucu merkeze ekleyin. Sebzeler yumuşayana kadar 2 ila 3 dakika daha karıştırın, fırlatın ve çevirin. Hoisin sosu karışımını karıştırın ve wok tavaya dökün. Sos koyulaşana ve parlaklaşana kadar 1 ila 2 dakika boyunca dana eti ve sebzeleri sosla kaplayarak karıştırarak kızartmaya devam edin. Zencefili ve sarımsağı çıkarın ve atın.

e) Bir tabağa aktarın ve taze soğan ile süsleyin. Sıcak servis yapın.

79. Ekşi portakallı dana sarsıntılı

- 2 pound çok yağsız sığır filetosu veya göğüs biftek
- 3 bardak dilimlenmiş kırmızı soğan
- 1 bardak portakal suyu
- ½ su bardağı limon suyu
- 2 yemek kaşığı ince deniz tuzu
- 4 çay kaşığı öğütülmüş kimyon
- nötr yemeklik yağ

a) İnce dilimlemeyi kolaylaştırmak için bifteği 30 dakika dondurun.
b) Çok keskin bir bıçakla, eti mümkün olduğu kadar ince bir şekilde ⅛ ila ¼ inç kalınlığında dilimleyin.
c) Etteki her türlü yağı çıkarmak için küçük, keskin bir bıçak kullanın. Bu adımı atlamayın. Et tedavi edilebilirken, yağ iyileştirilemez ve yağ daha sonra bozulabilir.
d) İyice budanmış eti iki kat kağıt havlu arasına koyun ve mümkün olduğu kadar fazla nemi dışarı atmak için sıkıca sarın. 4. Orta boy bir kapta eti soğan, portakal suyu, limon suyu, tuz ve kimyonla karıştırın. Lezzetini artırmaya yardımcı olmak için etin 1 saat marine edilmesine izin verin. Eti çıkarın ve turşuyu atın.
e) Şimdi eti fırında veya bir gıda kurutucu ile kurutmanın zamanı geldi.

80. Yan Biftek Fırıldak

- ben

- 2 1-1 ½ lb göğüs biftek
- l2 su bardağı doğranmış soğan
- l4 yemek kaşığı sarımsak gevreği
- 1 su bardağı sıvı yağ
- l2/3 su bardağı sirke
- l2 çay kaşığı tuz
- 1/2 çay kaşığı kekik
- 1/2 çay kaşığı mercanköşk
- 1/8 çay kaşığı kırmızı biber

a) Biftekleri tahıl boyunca çapraz olarak 1/4 inç kalınlığında dilimler halinde dilimleyin. Dilimleri toplayın ve kürdan ile sabitleyin.

b) Fırıldakları orta boy bir tencereye koyun ve üzerine doğranmış soğan serpin.

c) Kalan MALZEMELERİ: iyice karıştırarak birleştirin. Fırıldakların üzerine turşuyu dökün. Kapak

81. Kanat Biftek Sarılı Kuşkonmaz

- 1 kiloluk göğüs biftek
- 1/3 su bardağı zeytinyağı
- 1/3 su bardağı Merlot veya diğer kırmızı şarap
- 1/4 su bardağı A1 biftek sosu (veya istediğiniz başka bir biftek sosu)
- Kuşkonmaz

a) Zeytinyağını, Merlot'u ve biftek sosunu büyük bir Ziploc torbasına koyun ve iyice karıştırın. Bifteği, turşunun tamamen kapladığından emin olarak torbaya koyun. En az 2 saat buzdolabında bekletin.

b) Bir ızgarayı aşırı sıcak olana kadar ısıtın (Rachael Ray'in dediği gibi). Biftekleri marinattan çıkarın ve bir tarafını tuzlayıp karabiberleyin. Bu tarafı sıcak ızgaraya yerleştirin ve yukarı bakacak şekilde tuz ve karabiber koyun. 4-5 dakika sonra çevirin. Orta pişmiş bir biftek için o tarafta 4 dakika daha sürmelidir.

c) Bifteği ızgaradan çıkarın ve kesmeden önce en az 10 dakika kalay folyo çadırın altında dinlendirin.

d) Kuşkonmazın saplarını kesin. Bir dilim pancetta'yı iki sapın etrafına sarmadan önce sapları tuz ve karabiberle atın. Kuşkonmazın geri kalanı için tekrarlayın.

e) Mızrakları astarlı bir fırın tepsisine yayın ve 375°F'de 20 dakika kızartın.

82. Jack Daniels Sığır Sarsıntısı

- 2 kiloluk göğüs biftek
- ½ su bardağı soya sosu
- ½ bardak Jack Daniels burbon ¼ bardak esmer şeker
- 1 yemek kaşığı sıvı duman
- ½ bardak su
- 4 diş sarımsak
- 2 yemek kaşığı taze çekilmiş karabiber
- 1 çay kaşığı kırmızı biber
- 1 çay kaşığı beyaz biber
- 1 çay kaşığı soğan tozu

Marine suyunu birleştirin İÇİNDEKİLER: bir kapta. Eti plastik bir torbaya veya sığ bir tabağa koyun ve üzerine turşuyu dökün. Yaklaşık 2 gün marine edin. Karışımı arada bir karıştırın. Eti fırınınızın en düşük sıcaklığında veya bir gıda kurutucusunda esnek ama sert olana kadar kurutun.

83. Sığır Lo Mein

Yapar: 4

İÇİNDEKİLER:
- 8 ons pişmemiş spagetti
- 1 çay kaşığı susam yağı
- ½ ons fıstık yağı
- 4 diş kıyılmış sarımsak
- ½ ons zencefil, kıyılmış
- 32 ons karışık sebze
- 16 ons ince dilimlenmiş yan biftek
- 1 ½ ons soya sosu
- 1 ons esmer şeker
- ½ ons istiridye sosu
- ½ ons sarımsak aromalı biber salçası

TALIMATLAR:
a) Tuzlu suyu kaynatın ve spagetti eriştelerini 12 dakika pişirin.
b) Erişteleri boşaltın ve büyük bir kaseye dökün.
c) Erişteleri susam yağı ile atın ve erişteleri sıcak tutmak için kaseyi kapatın.
d) Fıstık yağını büyük bir tavada Orta-Yüksek ateşte pişirin ve sarımsak ve zencefili yağda 30 saniye pişirin.
e) Kızartma tavasına sebzeleri ekleyin ve 5 dakika pişirin, ardından dana etini ekleyin ve 5 dakika daha veya iyice ısınana kadar pişirin.
f) Tüm MALZEMELERİ karıştırın: sıcak olana kadar 3 dakika birlikte.

84. Pembe Soğan Turşusu ve Pico de Gallo ile Steak Tacos

Yapar: 2

İÇİNDEKİLER:
- 2 x 220g bavette biftek
- 1 çay kaşığı öğütülmüş kimyon
- 1 çay kaşığı Meksika biber tozu
- 2 yemek kaşığı hafif zeytinyağı
- 6–8 x 15cm yuvarlak Meksika mısırı veya mavi mısır ekmeği
- Deniz tuzu ve taze çekilmiş karabiber
- Kuru soğan için
- 2 kırmızı soğan, soyulmuş ve ince dilimlenmiş
- ¼ çay kaşığı kurutulmuş kekik
- 1 misket limonunun suyu
- pico de gallo için
- 200 gr çeri domates, dörde bölünmüş
- 1 yeşil jalapeño biber, daha hafif bir etki istiyorsanız çekirdekleri çıkarılmış, dilimlenmiş
- Küçük bir avuç kişniş, kabaca doğranmış
- 1 olgun avokado, soyulmuş, taşlanmış ve doğranmış
- Limon suyunu sıkın
- Chipotle kreması için
- 150 gr ekşi krema
- 2 çay kaşığı chipotle ezmesi

TALIMATLAR:
a) Biftekleri kimyon ve kırmızı biber tozu ile serpin. Zeytinyağını gezdirin ve tuz ve karabiberle tatlandırın.

b) Dilimlenmiş soğanları küçük bir kaseye koyun ve üzerini kaynar su ile örtün. 10 dakika bekletin.

c) Bu arada pico de gallo'yu yapın: domatesleri ve jalapeño'yu kişniş, avokado ve limon suyuyla birlikte küçük bir kaseye koyun. Tatmak için mevsim.

d) Soğanları süzün, ardından küçük bir kaseye koyun. Kekik, limon suyu ve biraz tuz ekleyin ve birleştirmek için karıştırın.

e) Büyük, yapışmaz bir kızartma tavasını yüksek ateşte ısıtın ve bifteklerin her iki tarafını 3-4 dakika pişirin. Ilık bir tabağa aktarın ve dinlenmeye bırakın.

f) Ekmeği büyük bir tavada her iki tarafta hafifçe kızarana kadar birer birer ısıtın.

g) Ekşi kremayı chipotle ezmesi ile karıştırarak chipotle kremasını yapın.

h) Biftekleri kalın dilimler halinde kesin. Ekmeği iki tabağa koyun ve üzerlerine biraz krema dökün. Üzerine biftek dilimleri, biraz pico de gallo ve pembe soğan ekleyin ve hemen servis yapın.

İSKOÇ filetosu

85. Kore-Amerikan Bifteği

Yapar: 6 kişi

İÇİNDEKİLER:
- 5 yemek kaşığı beyaz şeker
- 2 kilo viski filetosu, ince dilimlenmiş
- 2 ½ yemek kaşığı susam
- ½ su bardağı soya sosu
- 2 diş sarımsak, ezilmiş
- 2 yemek kaşığı susam yağı
- 5 yemek kaşığı mirin, Japon tatlı şarabı
- 3 adet ince dilimlenmiş arpacık soğan

TALIMATLAR:
a) Susam tohumları ve yağı, sarımsak, soya sosu, arpacık soğanı, şeker ve mirin ile karıştırın.
b) Eti sosun içine koyun ve etin içine karıştırın, üzerini kapatın ve 12 saat buzdolabında bekletin.
c) Hazır olduğunuzda, bir tavayı orta ateşte ısıtın ve eti 6-8 dakika veya tamamen pişene kadar kızartın.
d) Kızarmış pilav veya salata ile yiyin.

86. Kurutulmuş Kekikli Scotch Fileto Biftek

4 KİŞİLİK
İÇİNDEKİLER:
- 4 x 180g viski fileto biftek, yağı kesilmiş
- 2 yemek kaşığı zeytinyağı
- 1 yemek kaşığı kurutulmuş kekik yaprağı
- 1 çay kaşığı kimyon tohumu
- 1 çay kaşığı rezene tohumu
- 1 limonun kabuğu ve suyu + servis için ekstra dilimler
- 1 büyük patlıcan
- 2 x 250g paket mikrodalga kahverengi pirinç ve kinoa
- 1 yemek kaşığı karamelize balzamik sirke
- 4 yadigâr domates, dilimler halinde kesilmiş
- 1 Lübnan salatalık, doğranmış
- ¼ bardak kişniş yaprağı
- 80 gr keçi peyniri, ufalanmış
- 1 nar, çekirdekleri çıkarılmış

Talimatlar:

a) Patlıcanda birkaç yarık kesin ve maşa kullanarak doğrudan gaz alevinin üzerine yerleştirin (gaz aleviniz yoksa ipucuna bakın). Kabuk kömürleşirken ve patlıcan yumuşarken birkaç dakikada bir çevirerek 10 dakika pişirin. Tepsiye dizip uzunlamasına ortadan ikiye kesin. Eti bir kasenin üzerine yerleştirilmiş bir elek içine alın ve 20 dakika süzülmeye bırakın.

b) Bir kömür ızgara tavasını veya barbeküyü yüksek derecede ısıtın. Biftekleri yağın yarısı ile hafifçe fırçalayın, baharatlayın ve bifteklerin üzerine kekik, kimyon, rezene ve limon kabuğu rendesi serpin. Her bir tarafını 3 ila 4 dakika veya beğeninize göre pişene kadar pişirin, baharatların yanmasını önlemek için pişirirken bifteklerin yarısını limon suyuyla fırçalayın. Biftekleri ocaktan alın, gevşek bir şekilde folyo ile örtün ve 5 dakika dinlendirin.

c) Bu sırada kinoa ve pirinci paketteki talimatlara göre hazırlayın: Büyük bir kaseye koyun. Süzülmüş patlıcanı ince ince doğrayın ve kalan yağ, balzamik sirke ve kalan limon suyu ile birleşene kadar karıştırarak kaseye ekleyin. Domates, salatalık, kişniş, keçi peyniri ve nar tanelerinin yarısını karıştırın. Baharatlayın ve kalan nar taneleri ile süsleyin.

d) Biftekleri patlıcan kinoa salatası ve limon dilimleri ile servis edin.

87. Mükemmel Scotch Fileto

Porsiyon: 2

İÇİNDEKİLER:
- 2 x 250g Scotch fileto biftek
- Sızma zeytinyağı
- Deniz tuzu gevreği
- Taze çekilmiş karabiber

TALIMATLAR:

a) Bifteği yemek istediğinizden en az 30 dakika önce buzdolabından çıkarın.

b) Izgaranızı veya barbekünüzü orta-yüksek dereceye kadar önceden ısıtın.

c) Biftekleri yağla hafifçe ovun ve bol miktarda tuz ve karabiberle tatlandırın. Orta-yüksek ateşte 2 dakika pişirin, ardından çevirin ve 2 dakika daha pişirin.

d) Bu sefer 180 derecelik açıyla tekrar çevirin ve 2 dakika daha pişirin. Son kez çevirin ve 2 dakika daha pişirin.

e) Biftekler orta az pişmiş olarak pişirilmeli ve ızgara işaretleriyle düzgünce çapraz taranmalıdır.

f) Pişme için başparmak parmak dayanağını kullanın veya etin içini bir et termometresiyle kontrol edin.

g) Biftekleri sıcak bir tabağa aktarın ve üzerlerini folyo ile gevşek bir şekilde kapatın. Servis yapmadan önce 4 dakika dinlenmeye bırakın.

h) Hardal veya çeşni ile servis yapın veya en sevdiğiniz aromalı tereyağı ile süsleyin.

ASKI Biftek

88. Sous Vide Askı Biftek

Yapar: 2

İÇİNDEKİLER:
- 1 pound askı biftek
- 2 yemek kaşığı tuz
- 2 yemek kaşığı karabiber
- 3 yemek kaşığı tereyağı
- ½ bardak düşük sodyumlu tavuk suyu
- ½ bardak kırmızı şarap
- 1 dal kekik

TALIMATLAR:
a) Anova'nızı 135F/57.2C'ye ayarlayın.
b) Askı bifteğinin her tarafını tuz ve karabiberle ovun ve 1 yemek kaşığı tereyağı ile vakumlu poşete koyun.
c) Torbayı kapatın ve 45 dakika su banyosuna koyun.
d) Biftek pişerken bir tavayı orta ateşte ısıtın ve tavuk suyu, şarap ve kekiği ekleyin. Yaklaşık yarı yarıya azaltın.
e) Biftek bittiğinde poşetten çıkarın ve poşetteki sıvıyı tencereye dökün.
f) Büyük bir dökme demir tavayı yüksek ateşte ısıtın ve sigara içerken bifteği her tarafını kızartarak ekleyin. Tavadan çıkarın.
g) Biftekleri tanelerine karşı dilimleyin ve servis etmek için jus ile gezdirin.

89. Kırmızı Şarap-Arpacık Soslu Askı Biftek

2 ila 4 kişilik
2 (8 ons) askı biftek
Kaşar tuzu ve taze çekilmiş karabiber
2 yemek kaşığı sızma zeytinyağı
1 büyük dal biberiye
¼ su bardağı (½ çubuk) tuzsuz tereyağı
4 arpacık soğan, kıyılmış (yaklaşık ¾ bardak)
1 bardak tam gövdeli kırmızı şarap (cabernet sauvignon veya syrah gibi)
Süslemek için iri deniz tuzu

1. Biftekleri hazırlayın. Pişirmeden yaklaşık 45 dakika önce biftekleri buzdolabından çıkarın ve oda sıcaklığında bekletin. Biftekler 30 dakika temperlendikten sonra kağıt havluyla kurulayın. Her iki tarafını da tuz ve karabiberle cömertçe baharatlayın.
2. Biftekleri kızartın. Büyük, ağır bir tavada, zeytinyağını orta-yüksek ateşte sıcak olana kadar ısıtın. Biftekleri ekleyin ve ilk tarafı kızarana kadar 2 ila 4 dakika pişirin. Biftekleri çevirin ve hafifçe kızarana kadar 1 ila 2 dakika pişirin.
3. Biftekleri yağlayın. Biberiye ve 2 yemek kaşığı tereyağı ekleyin. Orta pişmiş için 2 ila 3 dakika (bifteğin en kalın kısmına yerleştirilen anında okunan bir termometre 130º ve 135 °F arasında kayıt yapmalıdır) veya pişene kadar tavayı eğerek ve sürekli olarak bifteklerin üzerine kaşıkla tereyağı sürerek pişirin. istediğiniz pişme derecesi. Biftekleri bir kesme tahtasına aktarın, tavada kızartılmış parçaları (sevgili) ve yağı bırakın. Biberiyeyi çıkarın ve atın.
4. Sosu yapın. Biftekler dinlenirken arpacık soğanları ekleyin. Yumuşayana ve hoş kokulu olana kadar 2 ila 3 dakika ara sıra karıştırarak orta ateşte pişirin. Şarabı ekleyin ve karıştırarak ve tavanın dibindeki tüm malzemeleri sıyırarak 2 ila 3 dakika, sıvının hacmi yaklaşık yarı yarıya azalana kadar pişirin. Isıyı düşük seviyeye indirin ve kalan 2 yemek kaşığı tereyağını ekleyin. Sık sık karıştırarak 1 ila 2 dakika, sos hafif parlaklaşana ve iyice karışana kadar pişirin. Ateşten alın ve ılık bir yerde bir kenara koyun.
5. Biftekleri servis edin. Bifteklerin tahılını (kas çizgileri; Cook's Tip'e bakın) bulun; taneye karşı ince dilimleyin. Bir servis tabağına aktarın. Kesme tahtasındaki meyve sularını sos tavasına ekleyin; birleştirmek için karıştırın. Dilimlenmiş biftekleri sosun yarısı ile doldurun ve yanında kalan sos ile servis yapın. Üzerine deniz tuzu serpip servis yapın.

90. Izgara marine edilmiş askı biftek bulgogi usulü

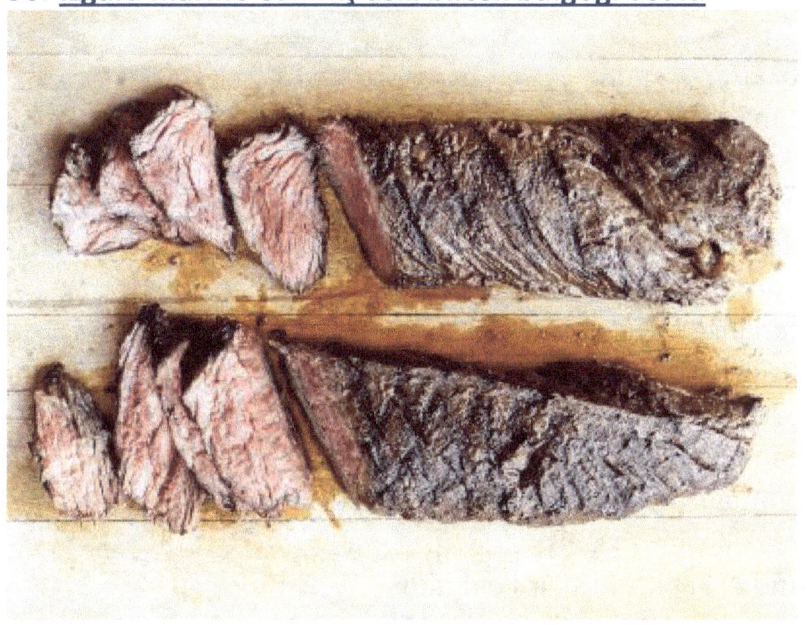

Yapar: 4 porsiyon

İÇİNDEKİLER:
- ½ fincan Kore şili fasulyesi ezmesi; (gochu-jan)
- 2 yemek kaşığı Kıyılmış sarımsak
- 1 yemek kaşığı Kıyılmış zencefil
- ¼ bardak Pirinç sirkesi
- ¼ su bardağı Şeker
- ¼ fincan ince soya sosu
- 1 yemek kaşığı İri çekilmiş karabiber
- 1 su bardağı Kanola yağı
- ¼ fincan Susam tohumu yağı
- 1 su bardağı kıyılmış maydanoz
- ⅓ bardak Kıyılmış kişniş
- 3 pound Askı biftek; sinir kaldırıldı
- dilimlenmiş yeşil soğan; Garnitür için
- kızarmış arpacık; süslemek için (seçenek
- Susamlı Kızarmış Pilav
- Salatalık Kimchee

GÖÇÜ-JAN SOS
- ½ fincan yukarıdan Marinade
- ½ çay kaşığı Tuz
- 1 limon suyu

Bir mutfak robotunda şili ezmesi, sarımsak, zencefil, sirke, şeker, soya ve karabiber ekleyin. Yağlarda gezdirmeden iyice karıştırın. Hala çalışırken, yeşil soğan ve kişniş ekleyin. Baharatı kontrol edin. Tuz ızgaradan hemen önce eklendiği için tuzlu olmamalıdır. ½ su bardağı turşuyu çıkarın ve sos için ayırın.

Bir tabakta, askıyı kalan turşuyla tamamen kaplayın ve bir gece bekletin. Sıcak, yağlanmış bir ızgarada, tuzla tatlandırın ve orta-az pişmiş için yaklaşık 8 dakika ızgara yapın.

Gochu-Jan Sos için: Tüm MALZEMELERİ bir kapta karıştırın.

Kaplama için: Büyük beyaz bir tabakta sosu zikzak çizin. Küçük bir parça Susamlı Kızarmış Pilav koyun ve üzerine ikiye bölünmüş askı bifteği çapraz olarak yerleştirin.

Salatalık Kimchee'yi üstüne yerleştirin ve susam, yeşil soğan ve kızarmış arpacık ile süsleyin.

91. Kasap Biftek (Askı Biftek)

Porsiyon: 4

İÇİNDEKİLER:
- 1 (2 pound) kasap biftek (askı biftek)
- tatmak için tuz ve taze çekilmiş karabiber
- 1 yemek kaşığı sade tereyağı
- ⅔ su bardağı tavuk suyu
- 2 çay kaşığı balzamik sirke
- 2 yemek kaşığı soğuk tereyağı, küp şeklinde kesilmiş
- tatmak için tuz

a) Biftekteki tüm gümüş deriyi ve fazla yağı çıkarın. Bifteğin 2 yarısını birbirine bağlayan bağ dokusunu dikkatlice kesin ve bütünü 2 uzun parçaya ayırın. Etin bir yarısını kesin (büyük yarısından biraz ayrılmış bir parçadır).

b) Daha sonra 2 büyük yarının her birini 2 biftek şeklinde kesin. Tuz ve karabiber serpin.

Tavayı yüksek ateşte ısıtın. Tava kızdığında sıvıyağ ekleyin ve biftekleri tavaya koyun. Isıyı orta seviyeye düşürün. Her tarafı kızarana, sertleşene ve içi kırmızımsı pembe olana kadar pişirin.

c) Merkeze yerleştirilen anında okunan bir termometre, toplamda yaklaşık 12 dakika olmak üzere 125 derece F (52 derece C) okumalıdır. (Bu et kesimi bir tür üçgen şekle sahiptir, yani her bir tarafta yaklaşık 4 dakika.) Biftekların dinlenmesini sağlamak ve sıcaklığın 130 F'ye yükselmesini sağlamak için folyo ile sıcak bir tabağa ve çadıra aktarın.

d) Et suyunu orta ateşteki tavaya dökün. Alttan kızaran kısımları tahta kaşıkla sıyırarak karıştırın. 2 veya 3 dakika sonra kahverengileşmeler çözüldüğünde ve sıvı azalmaya başladığında, ısıyı düşük seviyeye indirin. Et, balzamik sirke ve tereyağı parçalarından birikmiş meyve sularını ekleyin. Yağ eriyene kadar karıştırarak pişirin. Sıvı çok azaldıysa, biraz et suyu ekleyin.

e) Sosun biraz tuza ihtiyacı olup olmadığını kontrol etmek için tadın.

f) Servis yapmak için biftekleri dilimleyin ve üzerlerine tava sosu gezdirin.

PORTERHOUSE Biftek

92. Tereyağlı Porterhouse

2 ila 4 kişilik

1 (1½ pound) porterhouse biftek
Kaşar tuzu ve taze çekilmiş karabiber
1 yemek kaşığı sızma zeytinyağı
¼ su bardağı (½ çubuk) tuzsuz tereyağı
2 büyük dal biberiye
3 diş sarımsak, soyulmamış, hafifçe ezilmiş
Süslemek için iri deniz tuzu
Servis için 1 limon, dilimler halinde kesilmiş

TALIMATLAR:
1. Bifteği hazırlayın. Pişirmeden yaklaşık 45 dakika önce bifteği buzdolabından çıkarın ve oda sıcaklığında bekletin. Biftek 30 dakika temperlendikten sonra kağıt havluyla kurulayın. Her iki tarafta kaşar tuzu ve karabiber ile cömertçe baharatlayın. 15 dakika sonra tekrar kağıt havluyla kurulayın. Her iki tarafta kaşar tuzu ve karabiber ile tekrar baharatlayın.
2. Bifteği kavurun. Bir fırın rafını en yüksek konuma getirin ve fırın ızgarasını önceden yükseğe ısıtın. Fırına dayanıklı bir tavayı (varsa bir dökme demir tava) orta-yüksek ateşte sıcak olana kadar ısıtın. Tavayı kaplamak için zeytinyağı ve girdap ekleyin. Bifteği ekleyin. İlk tarafı kızarana kadar 2 ila 4 dakika pişirin. Biftek çevirin ve ikinci tarafı hafifçe kızarana kadar 1 ila 2 dakika pişirin.
3. Bifteği yağlayın ve kızartın. Tereyağı, biberiye ve sarımsağı ekleyin. Tavayı eğerek ve sürekli olarak tereyağını bifteğin üzerine kaşıkla iyice kaplanana kadar 1 ila 2 dakika pişirin. Ateşten alın. Bir fırın eldiveni veya kalın bir mutfak havlusu kullanarak tavayı doğrudan ızgaranın altındaki fırın rafına aktarın. Biftekleri 1 ila 2 dakika, derin bir şekilde kızarana ve istediğiniz pişme derecesine kadar pişirin (orta-az pişmiş için, bifteğin merkezine yerleştirilen anında okunan bir termometre 130º ve 135°F arasında kayıt yapmalıdır).
4. Bifteği dinlendirin ve servis edin. Bifteği bir kesme tahtasına aktarın. Biberiye ve sarımsağı çıkarın ve atın. Bifteği en az 5 dakika dinlendirin. Etin iki bölümünü T kemiğinden ayırın. Bifteğin damarını (kas çizgilerini) bulun; tahıla karşı ¼ inç kalınlığında dilimler halinde kesin. Bir servis tabağına aktarın. Kesme tahtasındaki meyve sularını tavadaki tereyağına ekleyin. Birleştirmek için karıştırın ve dilimlenmiş bifteğin üzerine dökün. Deniz tuzu ile tatlandırın ve yanında limon dilimleri ile servis yapın.

93. Porterhouse bifteği ve İtalyan sebzeleri

Yapar: 4 Porsiyon

İÇİNDEKİLER:
1 inç kalınlığında kesilmiş 2 Dana Porterhouse biftek
2 yemek kaşığı rendelenmiş Parmesan peyniri
2 yemek kaşığı zeytinyağı
1 çay kaşığı Kurutulmuş İtalyan baharatı
1 orta boy kabak, uzunlamasına doğranmış
1 orta boy sarı kabak, uzunlamasına ikiye bölünmüş
1 orta boy kırmızı dolmalık biber 8 şerit halinde kesilir.
Hazırlama süresi: 25 dk.

1. Peynir, yağ ve İtalyan baharatını birleştirin; kabakların kesik kenarlarına ve dolmalık biberlerin içlerine fırça karışımı sürün.

2. Sığır bifteğini ve sebzeleri, kesilmiş tarafları aşağı gelecek şekilde ızgara tavasındaki rafa, etin yüzeyi ısıdan 3 ila 4 inç olacak şekilde yerleştirin. Az pişmiş (140 F) ila orta (160 F) için 10 ila 15 dakika, bir kez çevirerek kızartın.

3. İsterseniz, bifteği tuz ve karabiberle tatlandırın.

4. Biftekleri kalın dilimler halinde kesin.

94. Izgara çift porterhouse biftek

Yapar: 2 Porsiyon

İÇİNDEKİLER:
2 Porterhouse bifteği; kesilmiş
1 yemek kaşığı zeytinyağı
2 büyük diş sarımsak; ezilmiş
Limon dilimi
Tuz
Taze çekilmiş karabiber
1 saat.
Yağ ve sarımsağı birleştirin ve her iki taraftaki bifteklerin üzerine yayın. Her iki bonfilede dış yağ tabakasını çizin ve limonla ovun.

Broyleri 30 dakika önceden ısıtın. Biftekleri ısıdan 4 inç uzağa broyler raf tepsisine yerleştirin. 9 ila 10 dakika kızartın, biftekleri çevirin ve diğer tarafta 9 ila 10 dakika kızartın. Biftekleri oyma tahtasına alın.

Biftekleri tuz ve karabiberle tatlandırın.

Dilimleyin ve hemen ayrı tabaklarda servis yapın.

95. Doldurulmuş porterhouse biftek

Yapar: 1 porsiyon

İÇİNDEKİLER:
4 adet kalın kesilmiş Porterhouse bifteği
1 8 ons taze mantarlar; kıyılmış orta
2 Arpacık; soyulmuş ve dilimlenmiş
(2 ila 3)
; ince
2 diş sarımsak; kıyılmış (2 ila 3)
½ fincan Kırmızı yemeklik şarap veya bordo
2 çay kaşığı Worcestershire sosu
4 yemek kaşığı Tuzsuz tereyağı
Tuz ve taze çekilmiş karabiber
Büyük kızartma tavasında orta-yüksek ateşte tereyağını eritin.

Arpacık soğanı yumuşayana kadar mantar, arpacık soğanı ve sarımsağı soteleyin - 5 dakika.

Şarap veya worcestershire sosu ekleyin ve tavadaki tüm sıvı gidene ve mantarlar kahverengileşene kadar pişirin.

Bifteklerin büyük kısmında bir yarık açın ve karışımla doldurun. Biftekleri kömür ızgarasında istenen donluğa kadar pişirin. Hemen servis yapın.

İNCİK

96. Kuru Erik ve Pırasa ile Yavaş Pişirilmiş Dana Eti

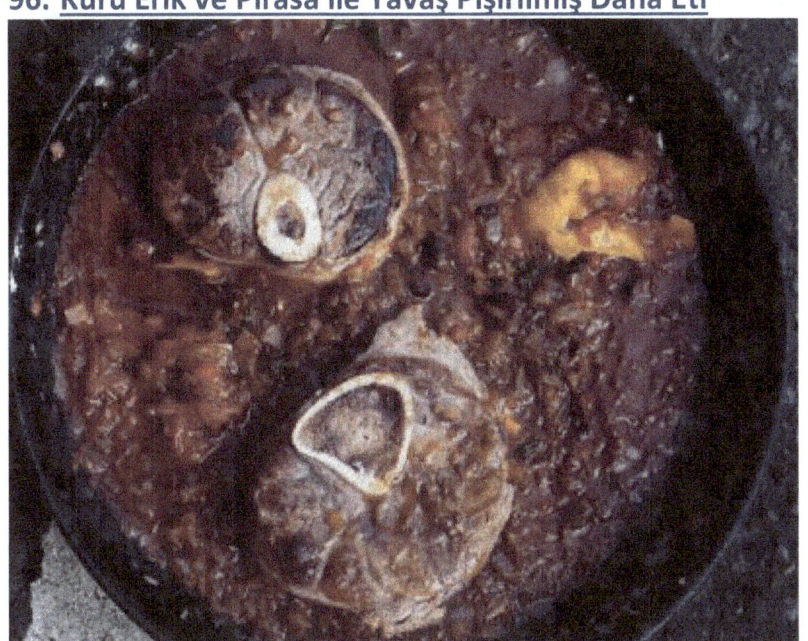

Cömertçe 4 kişiye hizmet eder
½ su bardağı / 110 ml ayçiçek yağı
4 büyük osso buco biftek, kemikli (toplamda yaklaşık 2¼ lb / 1 kg)
2 büyük soğan, ince doğranmış (toplamda yaklaşık 3 su bardağı / 500 gr)
3 diş sarımsak, ezilmiş
6½ yemek kaşığı / 100 ml sek beyaz şarap
1 su bardağı / 250 ml tavuk veya et suyu
bir adet 14 ons / 400g konserve doğranmış domates
5 dal kekik, ince kıyılmış yapraklar
2 defne yaprağı
½ portakal kabuğu, şeritler halinde
2 küçük çubuk tarçın
½ çay kaşığı öğütülmüş yenibahar
2 yıldız anason
6 büyük pırasa, sadece beyaz kısmı (toplamda 1¾ lb / 800 g), ⅔ inç / 1,5 cm dilimler halinde kesilmiş
7 oz / 200 gr yumuşak erik, çekirdeksiz
tuz ve taze çekilmiş karabiber

HİZMET ETMEK
½ su bardağı / 120 gr yoğurt
2 yemek kaşığı ince kıyılmış düz yapraklı maydanoz
2 yemek kaşığı rendelenmiş limon kabuğu rendesi
2 diş sarımsak, ezilmiş

Fırını 350°F / 180°C'ye önceden ısıtın.

2 yemek kaşığı yağı büyük, kalın tabanlı bir tavada yüksek ateşte ısıtın. Dana parçalarını her iki tarafta 2 dakika kızartın, eti iyice kızartın. Domates sosu hazırlanırken süzülmesi için bir kevgir içine aktarın.

Yağın çoğunu tavadan alın, 2 yemek kaşığı daha yağ ekleyin ve soğan ve sarımsağı ekleyin. Orta-yüksek ısıya dönün ve ara sıra karıştırarak ve tavanın altını bir tahta kaşıkla kazıyarak, soğanlar yumuşak ve altın rengi olana kadar yaklaşık 10 dakika soteleyin. Şarabı ekleyin, kaynatın ve çoğu buharlaşana kadar 3 dakika kuvvetlice pişirin. Et suyunun yarısını, domatesleri, kekiği, defne yaprağını, portakal kabuğu rendesini, tarçını, yenibaharı, yıldız anasonu, 1 çay kaşığı tuzu ve biraz karabiberi ekleyin. İyice karıştırın ve kaynatın. Dana parçalarını sosa ekleyin ve kaplamak için karıştırın. Dana etini ve sosu yaklaşık 13 x 9½ inç / 33 x 24 cm derin bir fırın tepsisine aktarın ve eşit şekilde yayın. Alüminyum folyo ile örtün ve 2½ saat fırına koyun. Sosun çok kalın olmadığından ve kenarlarının yanmadığından emin olmak için pişirme sırasında birkaç kez kontrol edin; Bunu önlemek için muhtemelen biraz su eklemeniz gerekecek. Et, kemikten kolayca ayrıldığında hazırdır. Dana eti sostan alın ve geniş bir kaseye koyun. İşlenecek kadar soğuduğunda, tüm eti kemiklerinden ayırın ve tüm iliği sıyırmak için küçük bir bıçak kullanın. Kemikleri atın.

Kalan yağı ayrı bir tavada ısıtın ve pırasayı yüksek ateşte yaklaşık 3 dakika ara sıra karıştırarak iyice kızartın. Onları domates sosu üzerine dökün. Daha sonra domates sosunu yaptığınız tavada kuru erikleri, kalan suyu, çekilmiş et ve kemik iliğini karıştırarak pırasaların üzerine kaşıkla gezdirin. Folyo ile tekrar kapatın ve bir saat daha pişirmeye devam edin. Fırından çıktıktan sonra tadına bakın ve gerekirse tuz ve daha fazla karabiber ekleyin.

Üzerine maydanoz, limon kabuğu rendesi ve sarımsak karışımı serpiştirilmiş soğuk yoğurt ile sıcak servis yapın.

97. Osso buco con risotto

Yapar: 1 Porsiyon

Bileşen
- 2 Dana incik
- 1 su bardağı Arborio pirinci
- 2 bardak Merlot
- 1 çay kaşığı limon kabuğu
- 1 su bardağı tavuk veya dana eti suyu
- ½ bardak Doğranmış soğan
- 1 diş kıyılmış sarımsak
- ½ su bardağı Sızma zeytinyağı
- 1 su bardağı taze bezelye
- 1 orta boy doğranmış havuç
- ½ çay kaşığı hindistan cevizi

TALIMATLAR::
a) Dana inciği soğan, sarımsak, havuç, zeytinyağı ile soteleyin. Güzelce kızarınca 500 derecelik fırında 20 dakika pişirin.

b) Ocaktan alıp orta ateşte ocağa koyun ve pirinci ekleyin. Her zaman karıştırarak, şarap ve et suyu eklerken 25 dakika soteleyin. Tatmak için limon kabuğu, bezelye, tuz ve karabiber ekleyin.

c) Hindistan cevizi ekleyin ve 15 dakika fırına koyun.

98. Osso buco alla milanese

Yapar: 6 Porsiyon

İÇİNDEKİLER:
4 yemek kaşığı zeytinyağı
6 porsiyon dana incik
¼ bardak Un
1 su bardağı Soğan, ince kıyılmış
½ su bardağı havuç, ince kıyılmış
½ su bardağı kereviz, doğranmış
1 büyük diş sarımsak, kıyılmış
1½ bardak Kuru beyaz şarap
1½ su bardağı Domates, soyulmuş, tohumlanmış, doğranmış
1¼ su bardağı et suyu (dana eti, sığır eti veya tavuk
½ çay kaşığı Kuru kekik
Tuz ve taze çekilmiş karabiber
Gremolata

1 Dana etini tek kat halinde tutacak kadar büyük bir güveçte yağı eritin. Şaft parçalarını unla tozlayın ve orta ateşte her tarafını hafifçe kahverengileştirin. Tüm sapları aynı anda tavaya koymazsanız daha kolay kızarırsınız. Kararmalarına veya kararmalarına izin vermeyin. Sapları güveçten çıkarın ve ısıyı azaltın.

2. Fırını 350 dereceye ısıtın. 3. Tencereye soğan, havuç ve kerevizi ekleyin ve yumuşayana kadar karıştırarak soteleyin. Sarımsak ekleyin ve bir dakika daha soteleyin. Şarap ekleyin ve orta-yüksek ateşte pişirin, tavaya yapışan tüm kahverengi parçalar eriyene kadar kazıyın. Domatesleri, suyu ve kekiği ilave edin.

4. Sapları sosla yağlayarak güveçe geri koyun. Tuz ve karabiber serpin, üzerini kapatın ve önceden ısıtılmış fırında yaklaşık bir buçuk saat et çatalla delinip yumuşayana kadar pişirin, Pişirme sırasında sapları birkaç kez yağlayın.

5. Sapları servis tabağına alın ve sıcak tutun. Sosu tadın ve gerekirse tuz ve karabiber ekleyin. Sos çok sıvı ise (krema kıvamında olmalı), tavayı ocağın üstüne koyun ve sosu birkaç dakika kaynatın.

1. Sapların üzerine sosu dökün ve biraz gremolata ile süsleyin. Kalanı yan tarafa geçir.

99. Gremolata ile Osso buco

Yapar: 6 Porsiyon

İÇİNDEKİLER:
Tat vermek için tuz ve taze çekilmiş karabiber
4 Dana incik etli kısımları; (6'ya kadar)
2 yemek kaşığı Natürel sızma zeytinyağı
2 yemek kaşığı tuzsuz tereyağı
1 Soğan; kabaca kıyılmış
3 diş sarımsak; kıyılmış
½ çay kaşığı Kekik
28 ons İtalyan erik domates; süzülmüş
1 su bardağı kuru beyaz şarap
10½ ons Sığır suyu; yağsız yağsız
½ Cupitalian maydanozu; kıyılmış
1 Limon; rendelenmiş

Unu tuz ve karabiberle tatlandırın. İçine dana incik parçalarını serpiştirin, fazlasını silkeleyin.

Yağı ve tereyağını büyük fırına dayanıklı güveçte veya Hollanda fırında orta-yüksek ateşte ısıtın. Dana incikleri ekleyin ve her tarafını kahverengi yapın (parçaları kenarlarını da kızarana kadar yukarı kaldırın). Dana incikleri çıkarın ve kağıt havluların üzerinde süzülmeye bırakın.

Isıyı ortama düşürün ve soğan, sarımsak ve kekik ekleyin. Ara sıra karıştırarak 10 dakika pişirin. Domates, tuz ve karabiberi ekleyip orta-kısık ateşte 10 dakika kadar üzerini kapatın, yağını alın ve domatesleri tahta kaşıkla ezin. Şarap ekleyin, ısıyı yükseltin ve kaynatın. Isıyı azaltın ve üstü açık olarak 15 dakika pişirin. Bu arada fırını 350 dereceye ısıtın.

Dana incikleri güveçe geri koyun. Eti kaplayacak kadar et suyu ekleyin.

Örtün, fırına koyun ve 1½ saat pişirin. Kapağı çıkarın ve dana eti çok yumuşayana kadar yaklaşık 30 dakika daha pişirin.

Maydanoz ve limon kabuğu rendesini karıştırın (bu gremolatadır). Servis yapmadan hemen önce dana etinin üzerine serpin. Makarna veya risotto ile servis yapın.

100. Dana incik osso buco

Yapar: 1 Porsiyon

İÇİNDEKİLER:
4 Dana incik, orta kemik, 8 ila 10 onsluk kısımlar halinde kesilmiş
Tuz ve taze çekilmiş karabiber
3 yemek kaşığı zeytinyağı
2 yemek kaşığı tuzsuz tereyağı
1 büyük Soğan, doğranmış, yaklaşık 1 su bardağı
1 su bardağı doğranmış havuç
1 su bardağı doğranmış kereviz
2 diş sarımsak, ince kıyılmış
1 su bardağı kuru beyaz şarap
3 yemek kaşığı Portakal kabuğu rendesi
1 yemek kaşığı limon kabuğu rendesi
½ bardak Portakal suyu
¼ su bardağı limon suyu
1 su bardağı Konserve erik domates, çekirdekleri çıkarılmış ve hafifçe ezilmiş
2 su bardağı sıcak dana ve dana eti suyu
2 yemek kaşığı kıyılmış taze kekik
2 defne yaprağı
Birkaç dal taze maydanoz
Gremolada, tarif aşağıdaki gibidir
Fırını 350 dereceye kadar önceden ısıtın.

Dana etini tuz ve karabiberle tatlandırın. Zeytinyağını ve tereyağını büyük, ağır bir tavada ısıtın ve dana incikleri yüksek ateşte her tarafı iyice kızarana kadar yaklaşık 10 dakika kızartın. Kızarmış dana incikleri tavadan çıkarın ve fırına dayanıklı bir güvece koyun. Dana etini kızarttığınız aynı tavaya doğranmış sebzeleri sarımsakla birlikte ekleyin ve 3-4 dakika soteleyin.

Sebzeler pişip solmaya başlayınca beyaz şarabı ekleyin ve tencerenin suyunu alın. İki kabuğu ve meyve suyunu ekleyin ve birkaç dakika azaltmaya izin verin. Daha sonra domatesleri ekleyip kaynamaya bırakın ve güveçteki dana inciklerin üzerine dikkatlice dökün.

Sıcak et suyunu ve otları güvece ekleyin ve üstü kapalı olarak 1 saat 45 dakika pişirin. Dana eti, fırından çıkardığınızda kemiğinden yeni ayrılmaya başlayan, çatalla yumuşamış olmalıdır. Çatal yumuşayana kadar çıkarmayın. Dana etini sebze sosundan çıkardıktan sonra gremoladayı ilave edin ve sebze sosuyla ısınmasını sağlayın. Dana incikleri üzerine biraz sos gezdirerek servis edin.

Servis yapmadan önce 10 dakika soğutun.

SONUÇ

Bu yemek kitabı, en çok denenmiş ve gerçek bifteklerin bir derlemesidir ve her seferinde yumuşak, sulu kesimler vereceğinden emin olabilirsiniz. İster bir ızgarada, ister dökme demir becerisiyle veya hatta bir Hazır Tencerede çalışıyor olun, burada birçok aile dostu yemek bulacaksınız. Ayrıca, evde romantik akşam yemekleri için favori süslü biftek tariflerimizin yanı sıra yemek bütçenizi daha da genişletmenize yardımcı olacak bütçe bilincine sahip tarifler de bulacaksınız. Eğlence!

www.ingramcontent.com/pod-product-compliance
Lightning Source LLC
Chambersburg PA
CBHW070652120526
44590CB00013BA/933